Come sano

Fotografía de las recetas DAVID LOFTUS

Diseño JAMES VERITY

Grijalbo

DEDICADO A

Michael Mosley

1957-2024

Este libro tenía que dedicárselo a Michael Mosley. Tuve la suerte de coincidir con Michael en diversas ocasiones y el legado que deja atrás en el ámbito de la salud pública perdurará durante años. Con un estilo único, inquisitivo y cercano, puso en el punto de mira importantes debates en torno a la salud, estuvo al servicio del público y nos dio elementos para la reflexión. Era un hombre amable, dulce y gentil a quien todos echaremos de menos. Todo mi cariño para su mujer, Clare, y sus cuatro hijos.

Contenido

¿Quieres sentirte mejor?

Creo sinceramente que la salud es lo más importante que tenemos y estoy seguro de que te haces las mismas preguntas que yo. ¿Cómo podemos ayudar a nuestro cuerpo a ser su mejor versión? ¿Cómo mantener un peso saludable? ¿Cómo dormir mejor? ¿Cómo reforzar nuestro sistema inmunitario para que nos proteja de las enfermedades más comunes? Y, en última instancia, ¿cómo sentirnos más sanos y felices en un mundo diseñado para hacernos perder la salud?

Este año he cumplido 50 años, y este cambio de década me ha hecho pararme a reflexionar sobre mi salud y pensar en qué tengo que hacer para estar en la mejor forma posible de cara al futuro.

A su vez, me ha inspirado a escribir este libro, a compartir todos los conocimientos que he adquirido a lo largo de los años y a ayudarte en tu propio camino hacia la salud de la manera más auténtica que conozco, que es a través de una comida deliciosa, abundante y alegre. Porque, seamos sinceros, ¡todos tenemos que comer!

Llevo inmerso en el maravilloso mundo de la cocina más de cuarenta años ya, y tengo más de veinticinco años de experiencia en el mundo editorial, algo por lo que no puedo estar más agradecido. Hace unos diez años, tuve el honor de estudiar para obtener un diploma en nutrición por la Royal Society of Public Health, en la Universidad de St Mary's Twickenham, con la profesora Ann Kennedy. Aprendí muchísimo acerca de la relación de nuestro cuerpo con la comida y cómo influye en nosotros lo que comemos.

Crear este libro y volcar en estas páginas todo lo que he aprendido, ha sido un proceso catártico y útil que me ha servido para recordar el poder que tiene la comida de cara a hacernos sentir bien. El resultado ha sido este compañero en el que podrás confiar toda la vida. Tanto si lo usas cada día de la semana o solo lo consultas de vez en cuando, puedes estar seguro de que estarás haciendo algo positivo para tu salud. En una semana de comidas deliciosas hay espacio más que suficiente para permitirnos disfrutar de aquello que más nos gusta —no tenemos que comer sano el cien por cien del tiempo—, pero este libro te ayudará a construir una relación de disfrute con la comida, con la seguridad de que cada vez que preparas una de estas recetas estarás tomando una buena decisión. En un mundo de desinformación, aquí encontrarás verdad, certeza y equilibrio.

Comida para cambiar tu vida

Lo que más he tenido en cuenta al escribir estas recetas ha sido esa sensación de recuperar el control sobre mi salud. Y espero que tú también utilices este libro para cambiar a mejor tu vida. *Come sano* gira en torno a los alimentos que puedes comer, no los que te tienes que quitar. Tus comidas rebosarán de color, ilusión, nutrientes y, por supuesto, sabor a raudales. La idea es conseguir platos abundantes y generosos que te darán energía, te satisfarán, te nutrirán y te revitalizarán. Estas páginas serán tu lugar seguro, un lugar fiable y feliz lleno de ideas, trucos y consejos útiles para que, en el plano nutricional, obtengas la mejor salud posible. Mi objetivo es armarte de ideas e inspiración.

En cuanto a la nutrición, puedes tener la seguridad de que lo tengo todo controlado. He trabajado con un modelo sencillo de parámetros nutricionales para cada comida, lo que significa que puedes elegir cualquier receta del libro sabiendo que va a ser equilibrada.

Desayuno Cada receta de esta sección te aporta al menos 1 porción de tus 7 al día (págs. 28 a 31) y tiene menos de 400 calorías, menos de 6 g de grasas saturadas y menos de 1,8 g de sal.

Comida / Cena / Fin de semana En estos capítulos, cada receta te aportará al menos 2 porciones de tus 7 al día —y a menudo mucho más— y tienen menos de 600 calorías, menos de 6 g de grasas saturadas y menos de 1,8 g de sal. Las recetas de estos capítulos se pueden intercambiar sin problema.

Dulces más saludables Las recetas de esta sección tienen menos de 250 calorías y menos de 2,5 g de grasas saturadas… ¡Difícil de superar!

Encontrarás el desglose nutricional completo de cada receta al final del libro, por si lo necesitas (págs. 298 a 303). Y, dentro de cada capítulo, he ordenado las recetas empezando por las más rápidas, para que te sea facilísimo encontrar una comida que se ajuste al tiempo del que dispones. Sé lo importante que es contar con opciones rápidas, por lo que me he asegurado de ofrecerte recetas que te sean prácticas. Hay desayunos que se preparan en solo 3 minutos, las 27 recetas de la comida oscilan entre 6 y 20 minutos de preparación y, en el largo capítulo de las cenas, 17 de las recetas llevan 15 minutos o menos. Quiero demostrar que puedes cocinar sano aunque no dispongas de mucho tiempo.

Antes de pasar a las recetas, te presento 50 trucos saludables (págs. 13 a 19). Son pequeños cambios que te ayudarán a ser más constante en el día a día y que te encamines a una vida más saludable y feliz. A continuación encontrarás mi reto de 2 semanas (págs. 20 a 25), en el que te detallo un plan de comidas centrado en dos semanas de nutrición saludable, abundante verdura y fruta y, en definitiva, recetas deliciosas, perfecto para darle un buen impulso a tu salud si decides seguirlo por entero.

Cada truco que apliques y cada receta que prepares cuenta. Para mejorar la salud no existen fórmulas mágicas, pero lo que sí podemos hacer es ser constantes, y recurrir al poder de los alimentos para ser más sanos y felices es algo que está a nuestro alcance. Quiero que te sea más fácil que nunca optar por las opciones saludables y que eso, a su vez, te ayude a obtener tu mejor versión.

Despensa y utensilios

Hay cinco ingredientes básicos que doy por hecho que tienes en la despensa, y no podría recomendarlos más. Se usan a menudo a lo largo del libro y no se incluyen en las listas de ingredientes de cada página. Me refiero a aceite de oliva para cocinar; aceite de oliva virgen extra para aderezar y rematar los platos; vinagre de vino tinto para aportar acidez y equilibrar las marinadas, las salsas y los aliños, y, por supuesto, sal marina y pimienta negra para sazonar al gusto. En estas recetas, y en todas las que preparo en casa hoy en día, utilizo mucho un pulverizador de aceite de oliva. Con él es más fácil controlar cuánto aceite se usa; permite cubrir mejor las superficies y usar menos cantidad, lo que contribuye a hacer el plato más saludable. Recomiendo invertir en un buen pulverizador vacío y llenarlo con tu propio aceite (como el de la fotografía de la página contigua); así sabrás exactamente qué estás usando.

En cuanto al equipo, suelo utilizar siempre los mismos utensilios de cocina, y no son muchos, así que no creas que debes gastarte un dineral para contar con todo lo necesario en la cocina. Te bastará con unas sartenes, un par de cacerolas —una honda y otra poco profunda— y un juego de bandejas de horno. Una tabla de cortar y un buen cuchillo son indispensables casi en cada receta. Un pelador de verduras, un rallador y un mortero te facilitarán las cosas y resultan fantásticos para crear texturas y resaltar sabores. Un robot de cocina y una batidora de mano siempre serán un plus, sobre todo si tienes poco tiempo, y para las recetas de este libro te vendrán bien.

50 consejos de salud

Nuestro cuerpo es extraordinario. Si lo piensas, estamos formados por millones de millones de células que trabajan al unísono para que podamos respirar, comunicarnos, movernos, dormir y, en general, seguir con nuestra vida cotidiana. Cada uno de nosotros es como una fábrica individual de energía y reparación y, visto así, uno se da cuenta de que cada día, consciente o inconscientemente, tomamos muchas decisiones que afectan directamente a nuestro cuerpo.

Así pues, los consejos de las siguientes páginas te ayudarán a tomar decisiones positivas para sanar, alimentar y proteger tu cuerpo. Son pequeños trucos, a veces obvios, pero que de verdad funcionan y que podrás incorporar fácilmente a tu día a día. Tal vez ya puedas marcar algunos como conseguidos, un subidón de confianza al saber que estás en el buen camino.

Por buenas que sean nuestras intenciones, lo cierto es que tenemos que salir un momento de la cocina y pensar en cómo compramos la comida. No creo que hayamos cambiado drásticamente de hábitos, pero sí ha cambiado la forma en que se procesa la comida. Por otra parte, somos animales de costumbres. Casi todos compramos siempre lo mismo, una semana tras otra, con muy pocas variaciones. ¿Por qué? Porque nuestra mayor motivación es la practicidad, luego el precio, y en el número tres está la salud. Lo más importante es que sea práctico. Pero solo tienes que recurrir a lo práctico si no sabes cocinar. Aunque no te sobre el tiempo ni la energía, si puedes preparar algo mejor, más rápido, más barato o más sabroso, eres tú quien controla. Y al haber comprado este libro te has armado con el conocimiento necesario, que se traduce en que puedes elegir, que tienes las herramientas para hacerlo bien prácticamente siempre. ¡Vuelves a tener el control sobre tu salud!

En primer lugar, te presento un montón de trucos y pequeños cambios útiles que te ayudarán a comprar mejor. Luego te doy consejos sobre comer, vivir y dormir. Son cosas sencillas y factibles que la mayoría de nosotros podemos incorporar de forma natural y sin esfuerzo a nuestras rutinas semanales. Y no perdamos de vista el objetivo último: los pequeños cambios suman y logran tener una repercusión positiva en la salud. ¡Manos a la obra!

Comprar

☐ Haz una lista de la compra

Aunque parezca sencillo, tener una lista permite ser más consciente de lo que se quiere comprar. Puedes añadir verduras y frutas diferentes cada semana, ya que a nuestro cuerpo le gusta la variedad. Es menos probable que compres por impulso. Y puede que también te ahorres dinero.

☐ Prueba la fruta congelada

Es muy práctica, suele salir más barata que comprarla fresca y se congela en su punto óptimo, con todos sus nutrientes, lista para usar en recetas como Helado suave improvisado (pág. 258) o Sándwiches de yogur helado al chocolate (pág. 270).

☐ ... y las verduras congeladas

También son una opción estupenda para guardar en el congelador. Solo hay que sacar un puñado de lo que se necesite cuando se necesite; así se desperdicia menos. Como se congelan rápidamente tras cosecharlas, conservan su valor nutritivo de forma muy eficaz.

☐ Cambia el pan

Pasar de un pan blanco ultraprocesado a un pan integral con semillas o de masa madre y fermentación natural es un buen paso en la dirección correcta. Aporta más fibra, más sabor y más nutrientes. Para evitar desperdiciar, se puede congelar en rebanadas y luego tostarlo directamente.

☐ De temporada

Hay que optar por productos de temporada: saben mejor, aportan más nutrientes y son más económicos.

☐ Escoge arroces integrales

Cambiar el arroz blanco por uno integral supone un aporte extra de fibra. Además, el integral abunda en vitaminas B, que mantienen activo nuestro metabolismo para que podamos descomponer los alimentos que comemos y generar energía. Es verdad que en algunas recetas solo funciona el arroz blanco, pero en las que sí admiten el integral, como guisos o fritos, vale la pena. Prueba también el arroz negro y el salvaje.

☐ Sí a la fruta en conserva

No es solo para tu abuela: toma fruta en conserva, que también contará para tus 7 al día (págs. 28 a 31). Es muy práctico tenerla de reserva en la despensa.

☐ Prueba el queso cottage

Rico en proteínas y una buena fuente de cloruro cálcico, que ayuda a mantener la salud del aparato digestivo, tiene menos grasas saturadas que cualquier otro queso. Una forma estupenda de introducir lácteos en la dieta.

☐ ¡La fruta seca cuenta!

Puedes contar una porción de 30 g de fruta deshidratada como una de tus 7 al día: mango, albaricoques, manzanas, dátiles... A mí me gusta cortarlas pequeñas y transformar una ensalada (ver págs. 76 y 90).

☐ Congela el pescado

Deberíamos comer dos porciones de pescado a la semana. Acudir a la pescadería, comprar más de lo que necesitas y congelarlo es un truco estupendo para asegurarte de que tomas el pescado más fresco cuando tú quieras. Consulta mi truco de la pág. 173.

☐ Incluye pescado azul

Una de las porciones semanales de pescado debería ser azul: trucha, caballa, sardinas... Puede ser fresco, en tarro o en lata, pero intenta hacerle un hueco en la dieta. El omega-3 que contiene es esencial para el funcionamiento y el desarrollo del cerebro.

☐ Compra pescado blanco

Es uno de los pocos alimentos con un alto contenido en yodo, el mineral del que depende la glándula tiroidea para funcionar bien y que, a su vez, controla nuestro metabolismo. Los filetes congelados son muy prácticos y de calidad. Pruébalos en mi Curri de pescado al estilo tailandés (pág. 140).

☐ No compres con hambre

Es un clásico, pero ayuda. Si vas a comprar con hambre, es más probable que te desvíes de la lista y acabes con artículos que no necesitas y que tal vez sean menos saludables.

☐ Prueba la pasta integral

Es una forma muy fácil de aumentar la ingesta de fibra y aporta un rico matiz como de frutos secos. Pruébala de vez en cuando para variar un poco; funciona bien con salsas de tomate, como la de los Espaguetis con cangrejo (pág. 184).

☐ Pon huevos en la compra semanal

Son una fuente de proteínas y además contienen otros 10 micronutrientes que el organismo necesita para mantenerse sano. ¡Siempre triunfan!

☐ Compra alubias negras

No solo son deliciosas, sino que tienen más proteínas que cualquier otra legumbre, por lo que son ideales tras hacer ejercicio, pues ayudan a los músculos a recuperarse. Prueba a freírlas en seco (pág. 122), usarlas en ensalada (pág. 146) o incluso en un humus rápido (pág. 98).

☐ Ten reservas de avena

Repleta de fibra, que favorece la salud y la regularidad intestinal, la avena integral es más saciante. Además, es de los pocos ingredientes que se sabe que ayudan a reducir el colesterol. Prueba la Avena nocturna (pág. 46) o el Porridge helado (pág. 40).

☐ Prueba el tofu

Casi la mitad de las calorías del tofu procede de las proteínas; es ideal para vegetarianos y bajo en grasas saturadas. También es una gran fuente de calcio y fósforo, que contribuyen a unos huesos fuertes y sanos.

☐ Utiliza harina integral

Hacer el cambio es muy fácil y tiene más contenido en fibra que la harina normal. Úsala en mis Tortitas con taza (pág. 58). También puedes mezclar harina normal e integral a partes iguales y empezar por ahí.

☐ Apuesta por las especias

Las especias secas son supernutritivas y una buena forma de reducir la ingesta de sal, ya que aportan mucho sabor y no necesitas tanta sazón. Un imprescindible en la despensa.

Comer

☐ Come variado

La mayoría de nosotros somos animales de costumbres, pero cada verdura y fruta presenta una composición nutricional diferente, así que hazle un favor a tu cuerpo y come variado. Tus papilas gustativas lo agradecerán y el intestino también.

☐ Prueba un día sin carne

¡Y no solo los lunes! Créeme, a mí me encanta la carne, pero plantearse dos o tres días a la semana sin carne es un excelente comienzo. Unas comidas vegetarianas tal vez te ahorren algo de dinero, lo que te permitirá gastar un poco más los días que sí comas carne. Además, las proteínas de origen vegetal, como las legumbres en conserva, contienen mucha fibra y pocas grasas saturadas; desde luego, no saldrás perdiendo.

☐ Apuesta por las hierbas frescas

Las hierbas aromáticas frescas, repletas de cualidades nutritivas, aportan un sabor único a la cocina. Suelen ser fáciles de cultivar y estarán siempre disponibles cuando se necesiten. ¿Y si pones algunas en una maceta en la ventana? Más información en la pág. 295.

☐ Las hierbas secas también gustan

Cuando se secan, las hierbas siguen conservando mucho valor nutritivo y además experimentan un maravilloso cambio drástico de sabor (ver pág. 295).

☐ Arándanos al poder

Añaden un vibrante toque de color a los alimentos, aportan vitamina C y antioxidantes, y tienen un alto contenido en manganeso, que protege nuestras células de daños. Frescos o congelados, ¿quién se resiste? Puedes tomar 80 g como picoteo, preparar unos dulces Muffins de arándanos (pág. 276) o una receta salada como los Cereales con pollo y arándanos (pág. 182).

☐ Prueba un plan de comidas

Si quieres un poco de ayuda para empezar a centrarte en la salud y tienes tiempo para cocinar, prueba mi reto de 2 semanas (págs. 20 a 25), que te ayudará a cambiar el chip.

☐ ¡Llena tu bol de fruta!

Me gusta pensar en la fruta como las golosinas de la naturaleza. Es el picoteo más fácil que existe. Suelo dejar una tablita de cortar y un cuchillo cerca del bol, así puedo tomar un cuarto o la mitad de una pieza en cualquier momento. Solo hay que exprimir un poco de limón sobre el resto para que no se oxide y guardarlo en la nevera.

☐ Pica con cabeza

Además de fruta fresca, un puñadito de fruta deshidratada (hasta 30 g), frutos secos o semillas sin sal, un puñado de palomitas o unos palitos de verduras son opciones muy ricas en fibra. Procura no picar frutos secos a lo largo del día; mejor ceñirse a una porción de 30 g una vez al día para proteger los dientes.

☐ Conoce tus «5 al día»

Una vez tengas claro cómo es una ración de 80 g de verdura o fruta fresca, congelada o en conserva, te resultará más fácil introducir más raciones en tu vida. Y en este libro vamos a por los 7 al día, así que ¡ponte las pilas! Más información y una guía visual en las págs. 28 a 31.

☐ Céntrate en la comida

Estamos más distraídos que nunca. Correos, tele, redes sociales. Con sinceridad, ¿te sientas a disfrutar de la comida sin estas distracciones? Comer es uno de los placeres más sencillos y es menos probable que comas en exceso si no tienes la cabeza en otra parte.

☐ Haz tus propios dulces

Reduce la tentación preparando tus propios caprichos saludables, listos para satisfacer antojos. Encontrarás inspiración en las págs. 257 a 281.

☐ Invierte en un pulverizador

Llenar un pulverizador con aceite de oliva ha sido una revelación. Te ayuda a usarlo con moderación en la cocina, distribuye perfectamente y, si quieres, hasta puedes aromatizar los aceites con hierbas, ajo, guindilla...

☐ Utiliza platos más pequeños

Suena sencillo, pero ayuda a controlar las porciones y evita que comas en exceso.

☐ Pon huevos a hervir

Son ricos en proteínas, ideales para picar o añadir a una comida, y puedes amenizarlos con colores y sabores (pág. 101).

☐ Reconoce la saciedad

En lugar de terminar el plato, escucha tu cuerpo, deja de comer cuando ya no tengas hambre y guarda lo que sobre para otra comida. En la Zona Azul de Okinawa (Japón), hay un dicho que reza «Hara hachi bu», que significa comer hasta estar lleno al 80%. Y de esto saben, porque son una de las comunidades más sanas del planeta.

☐ Empieza comiendo verde

Una buena costumbre es empezar cada comida con una ensalada sencilla o unas crudités. Esto ayuda a consumir las raciones diarias de verdura y es muy práctico para que los niños adquieran el hábito. Deja que se llenen con verduras, no con snacks poco saludables.

☐ Cocina para varios días

Si los fines de semana dispones de tiempo, es buena idea cocinar de más y guardarlo en el congelador para otro día. Por ejemplo, mi Ragú de ternera y alubias (pág. 252). A veces es algo tan sencillo como cocinar para cuatro, en vez de para dos, y guardar esas dos raciones de más. Así tendrás el congelador repleto de opciones saludables para esas noches ajetreadas entre semana.

☐ ¡Apuesta por el verde!

Puede que las espinacas no nos pongan unos brazos como los de Popeye, pero están repletas de vitamina A, que ayuda a ver bien, sobre todo en la oscuridad. Verduras de hoja verde como col, acelga, kale, rúcula o berro se cocinan al vapor rápidamente y, con un aliño sencillo, están deliciosas. Otras verduras como el brócoli y los guisantes abundan en vitamina C, que nuestro cuerpo usa para prácticamente todo. ¡Come verde!

Vivir

☐ Bebe agua

Lo más sencillo que puedes hacer por tu salud es mantener la hidratación. Dos tercios del cuerpo humano están formados por agua, que es esencial para todas las funciones corporales. Es especialmente importante para el cerebro, ¡que contiene más de un 70 % de agua! A menudo confundimos la sed con el hambre, por lo que mantenerse hidratado también puede ser útil para evitar comer en exceso. Suena obvio, pero la forma más barata de hidratarse es bebiendo agua. Llévala siempre encima: una botella en el bolso, un vaso en el escritorio, una jarra en la mesa de la cocina... Tenla siempre a la vista y no dejes de beber. Si eso te cuesta, prueba a hacer el agua más interesante con infusiones de frutas, raíces o hierbas. En las págs. 284 y 285 incluyo algunas de mis favoritas para darte ideas.

☐ ¡Muévete!

Mantenerse activo es importantísimo. Y eso no requiere apuntarte al gimnasio o dar un vuelco a tu estilo de vida. Intenta pensar en formas fáciles de hacer que tu día a día sea más físico: bajarte del autobús una parada antes, subir por las escaleras en lugar del ascensor, dar un pequeño paseo al día, hacer unos estiramientos mientras ves la televisión... Si eres principiante, puedes encontrar muchas ideas de entrenamientos sencillos; busca lo que te funcione y diviértete.

☐ Lee libros de cocina que te inspiren

Empápate de esa inspiración y recuérdate lo bien que sienta la buena comida. Prueba nuevas recetas, varía la lista de la compra y tal vez pronto puedas ampliar tu repertorio habitual.

☐ Empieza el día con buen pie

En vez de tomar solo agua, empieza las mañanas con una supermezcla de ingredientes que te ayudarán a ponerte en marcha. Más información y la receta de mi Impulso matutino en la pág. 286.

Reduce el consumo de alcohol

Me encanta el alcohol y bebo de vez en cuando, como casi todo el mundo, pero bien sabemos que no es del todo bueno, por lo que ser conscientes de esto y de cuánto bebemos ya es un primer paso. Yo recomendaría estructurarlo un poco, de manera que puedas tomarte algo con la familia o los amigos, pero dejes un paréntesis de 3 días cada semana para que el hígado descanse. Cuando bebas alcohol, acuérdate de beber también agua; es una costumbre fácil de adquirir y ayuda al cuerpo a procesar el alcohol.

Dedica más tiempo a las comidas

Tanto si estás con familia o amigos como por tu cuenta, siéntate a comer para saborear cada bocado y dedicar el tiempo necesario. Además de ayudar a tu sistema digestivo, será un momento para ti, para descansar, pensar y desconectar.

Date un paseo después

Un simple paseo de 10 minutos después de comer favorece la digestión y ayuda a moderar los niveles de glucosa en sangre. Intenta dar el paseo en la hora siguiente a la comida para obtener más beneficios.

Recarga tus niveles de vitamina D

En los meses de verano, el cuerpo genera vitamina D a partir de la exposición al sol, pero durante los meses de invierno es una buena idea tomar un suplemento diario, ya que por lo general no obtenemos suficiente de nuestra dieta. En cuanto a los alimentos que la aportan, son por ejemplo el pescado azul, los huevos y las setas cultivadas al aire libre.

Dormir

Prioriza el sueño

¡Nos pasamos un tercio de la vida durmiendo! Y el sueño es importante, porque da a nuestro cuerpo y mente tiempo para crecer, curarse y repararse. Es algo con lo que he batallado durante años. Para ser sincero, tengo que tratar el sueño como otro trabajo más para asegurarme de que le presto la atención que necesita. Todos los expertos en salud con los que he hablado subrayan lo crucial que es dormir bien para nuestra salud. Así pues, en la medida de lo posible —porque sé que hay muchos factores que pueden ser un obstáculo en las diferentes etapas de la vida—, intenta seguir una rutina y conseguir entre 7 y 9 horas de sueño cada noche.

Come para aumentar la melatonina

La melatonina es una hormona natural que nos ayuda a conciliar el sueño. Se cree que comer dos kiwis por la noche puede aumentar nuestros niveles naturales. Otros alimentos que pueden ayudar son las cerezas, nueces, plátanos verdes, frambuesas, tomates y arroz jazmín. Procura no comer en las dos horas anteriores a irte a dormir, para que el cuerpo tenga tiempo de hacer la digestión antes de pasar al modo sueño.

No mires el reloj en la cama

Si te cuesta conciliar el sueño o mantenerlo, tener relojes en el dormitorio puede distraerte y suponer una presión innecesaria. Si necesitas un despertador, ponlo lo bastante lejos de la cama para no verlo durante la noche.

Duerme la siesta

Las siestas son estupendas, y me alegro si eres de los que pueden echarse una. Yo lo hago siempre que puedo. Intenta que no duren más de 20 minutos para que el cuerpo no entre en un ciclo de sueño más largo, lo que haría que te despertaras aturdido y no descansado.

Reto de 2 semanas

Si tu objetivo es dar prioridad a la salud y quieres ir a por todas, mi reto de 2 semanas es ideal para ti. Se trata de comprometerse a tomar tres comidas deliciosas al día, que promuevan una alimentación sana y con buenos ingredientes. No se trata de una dieta, sino de un cambio en el estilo de vida, una oportunidad para centrarse en uno mismo y priorizar la salud. Sé que comprometerse a seguir un plan durante 2 semanas es pedir mucho en nuestras ajetreadas vidas, pero si tienes el tiempo y la paz mental para incorporarlo a tu día a día, la idea es que lo termines sintiendo que tienes más energía, has reforzado un poco tu sistema inmunitario y —ojalá— duermes mejor. Y enfocar la semana de esta manera saludable y equilibrada también significa, para la mayoría de la gente, que habrá un déficit de calorías. Por tanto, es probable que vayas perdiendo un poco de peso, si ese es tu objetivo. O puedes utilizar ese déficit para tomar bebidas y picoteos. Más información sobre las necesidades energéticas diarias en la pág. 297.

Y mientras cocinas de cero cada día, espero que también aprendas (o recuerdes) esos cambios pequeños y sencillos que puedes hacer habitualmente para ser más saludable. Considera este plan una especie de amigo fiel al que puedes acudir cada vez que necesites empezar de cero.

Qué obtendrás de este plan:

— Un mínimo de 7 raciones de verdura y fruta al día

— Una media de 30 g de fibra y 50 g de proteína al día

— Una porción de lácteos o sustitutos lácteos al día

— Diversos carbohidratos

Un plan flexible

He intentado escoger recetas que te permitan poner comida sana en la mesa rápidamente y sin complicaciones para que sea lo más factible posible. Espero que te parezca una buena base e incorpores algunas de estas comidas a tu repertorio habitual. Por supuesto, puedes cambiar cualquiera de estas recetas por otras que te hayan gustado del libro; el objetivo es comer alimentos variados y nutrir el cuerpo con buena comida. He intentado que el coste total sea razonable, pero puedes buscar sustitutos que se adapten a tu bolsillo.

El plan es para 2

Algunas de las recetas son de una sola ración, por lo que tendrás que multiplicar ingredientes por dos o por tres si sois más. Y con otras se obtienen más de dos raciones; en esos casos sugiero tomar lo que sobre otro día o guardarlo en la nevera o el congelador para más adelante.

Organízate

El domingo antes de empezar te ayudará dedicar un rato a preparativos. Recomendaría adelantarse con las siguientes tres recetas:

Ragú de ternera y alubias o alternativa vegetariana (pág. 252)
Dividir en porciones y congelar.

Receta base de avena nocturna (pág. 46)
Guardar en la nevera.

Impulso matutino (2) (pág. 286)
Dividir en porciones y congelar.

Dale caña al plan

Para notar una mayor diferencia en estas dos semanas, los siguientes consejos te ayudarán:

Bebe

Asegúrate de ingerir al menos 2 litros (para la mujer promedio de más de 14 años) o 2,5 litros (para el hombre promedio de la misma edad) al día.

¡Muévete!

Todo ayuda. Mira mi consejo en la pág. 18.

Prioriza el sueño

Es uno de los factores que más contribuyen a la buena salud y merece la pena cuidarlo. En la pág. 19 te cuento más.

No bebas alcohol

Nuestro hígado descompone los alimentos, y los convierte en energía y proteínas esenciales, por lo que ayuda mucho no hacerle procesar alcohol durante unos días.

Aumenta las horas de ayuno

Al dormir hacemos un ayuno natural, y ampliar un poco ese intervalo entre la cena y el desayuno es un primer paso sencillo. Por ejemplo, si suelen pasar 10 horas entre la cena y el desayuno, intenta que sean 12 para que tu sistema digestivo descanse un poco más. A algunas personas les puede resultar útil aumentar aún más el intervalo entre comidas o pasar a hacer solo dos comidas al día; recuerda que esto es una herramienta, una especie de reinicio del sistema, y tienes que evaluar qué te funciona. La restricción horaria en las comidas no es adecuada ni factible para todo el mundo; considera tus circunstancias y, si es necesario, consulta al médico o a un dietista.

PLAN DE COMIDAS

Primera semana

DESAYUNO | COMIDA | CENA

Lunes — TRABAJO DESDE CASA

Avena nocturna de melocotón melba (2) (pág. 48)

Impulso matutino (2) (pág. 286)

Ensalada de cereales y huevos fritos al curri (pág. 82)

Tarta de filo con verduras aromáticas (pág. 236)

Guardar 2 raciones sobrantes en la nevera para la comida del martes

Martes — EN LA OFICINA

Avena nocturna de tarta de queso con arándanos (2) (pág. 49)

Batido de matcha y kéfir (2) (pág. 291)

Tarta de filo con verduras aromáticas

Las sobras de la cena del lunes

Ragú de ternera y alubias o alternativa vegetariana (pág. 252)

Descongelar con antelación

con Ñoquis de patata (pág. 254)

Miércoles — EN LA OFICINA

Avena nocturna con bakewell de cerezas (2) (pág. 48)

Impulso matutino (2) (pág. 286)

Ensalada de salmón, remolacha y patata (pág. 92)

O

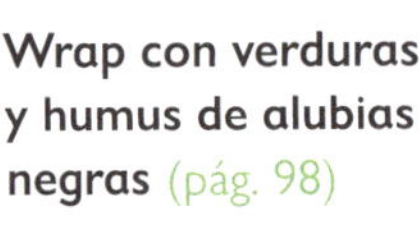

Wrap con verduras y humus de alubias negras (pág. 98)

Preparar de antemano y montar en el trabajo

Orecchiette superverdes (pág. 190)

Guardar 2 raciones sobrantes en la nevera para la comida del jueves

DESAYUNO | COMIDA | CENA

Jueves

EN LA OFICINA

Tostada en 5 minutos con crema de almendras, manzana y canela (2) (pág. 36)

Batido de frutas del bosque (2) (pág. 289)

Orecchiette superverdes

Las sobras de la cena del miércoles

Festival de sabores con berenjena (pág. 194)

Viernes

TRABAJO DESDE CASA

Shredded Wheat rosa o los Cereales vitamínicos que se prefieran (2) (pág. 34)

Impulso matutino (2) (pág. 286)

Ensalada de feta y garbanzos al orégano (pág. 116)

Bol de kimchi con atún a la plancha (pág. 156)

O

Alubias negras con tofu sedoso (pág. 152)

Sábado

FIN DE SEMANA

Huevos escalfados con dukkah (pág. 54)

Espuma de café (pág. 292)

Sopa de primavera con tostadas de ricota (pág. 218)

Guardar 2 raciones sobrantes en la nevera para la comida del martes

Fajitas de pollo (pág. 154)

O

Guiso de setas (pág. 200)

Domingo

FIN DE SEMANA

Tortitas con taza (pág. 58)

Guardar en la nevera 2 raciones sobrantes de masa para el desayuno del lunes

Café de Gennaro (pág. 293)

Bollitos de verduras al vapor (pág. 230)

Compartir con amigos o congelar 2 raciones sobrantes

Ensalada de solomillo y berenjena melosa (pág. 166)

O

Verduras asadas con crema de garbanzos (2) (pág. 198)

PLAN DE COMIDAS

Segunda semana

DESAYUNO | COMIDA | CENA

Lunes — TRABAJO DESDE CASA

Tortitas con taza

Las sobras del desayuno del domingo de la primera semana

Impulso matutino (2) (pág. 286)

Ensalada templada de lentejas (pág. 78)

Involtini de berenjena (pág. 208)

Martes — EN LA OFICINA

Muesli suizo rápido o los Cereales vitamínicos que se prefieran (2) (pág. 34)

Batido de la diosa verde (2) (pág. 288)

Sopa de primavera con tostadas de ricota

Las sobras de la comida del sábado de la primera semana

Fideos con setas y tahini (pág. 144)

Miércoles — EN LA OFICINA

Tostada en 5 minutos con ricota, arándanos, menta y miel (2) (pág. 36)

Batido de proteínas postentreno (2) (pág. 290)

Ensalada aplastada (2) (pág. 114)

Hacer en el trabajo o preparar de antemano y montar en el trabajo

Ensalada de fideos y langostinos (pág. 86)

O

Ensalada a tiras con sésamo y miso (2) (pág. 96)

DESAYUNO | COMIDA | CENA

Jueves — EN LA OFICINA

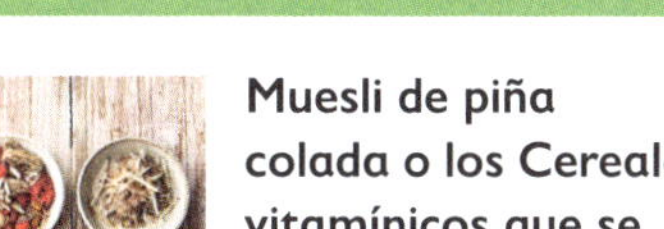

Muesli de piña colada o los Cereales vitamínicos que se prefieran (2) (pág. 34)

Impulso matutino (2) (pág. 286)

Tarritos de arroz y huevo al curri (pág. 118)

Llevar ya hecho

Ragú de ternera y alubias o alternativa vegetariana (pág. 252)

Descongelar con antelación

con Picatostes de pan (pág. 255)

Viernes — TRABAJO DESDE CASA

Tostada con frutos rojos y queso dorado (pág. 52)

Café de Gennaro (pág. 293)

Tostada de sardinas y ensalada de tomate o alternativa vegetariana (pág. 94)

Albóndigas al horno o alternativa vegetariana (pág. 244)

Compartir con amigos o guardar en la nevera o el congelador 2 raciones sobrantes

Sábado — FIN DE SEMANA

Manzana asada rápida (2) (pág. 44)

Espuma de café (pág. 292)

Tortitas de zanahoria y boniato (pág. 124)

Opcional: vasitos de chocolate con naranja (pág. 264)

Pollo cremoso con cacahuetes (pág. 136)

O

Fuente de curri vegetariano (pág. 212)

Guardar en la nevera o el congelador 2 raciones sobrantes

Domingo — FIN DE SEMANA

Tortilla de salmón ahumado y centeno (2) (pág. 42)

O

Tostada con queso y alubias (pág. 62)

Pastel de pescado feliz (pág. 242)

Compartir con amigos

O

Sustancioso guiso de verduras (pág. 246)

Congelar 2 raciones sobrantes

Salteado superverde (pág. 132)

Cómo equilibrar tu plato

Cuando hablamos de comer bien, el equilibrio es la clave, y todos necesitamos comer variado para mantenernos sanos. A pesar de la avalancha de dietas especializadas y de información errónea, el concepto de «plato equilibrado», que se hace eco de los principios de la dieta mediterránea, sigue siendo una guía fácil de seguir. Este es el principio que utilizo para alimentarme a mí mismo y a mi familia, y está respaldado por una gran cantidad de datos científicos fiables.

En la imagen de la izquierda, te muestro visualmente lo que deberías incluir en el plato. Apuesta fuerte por la verdura y la fruta, incluye también carbohidratos integrales complejos, algo de proteína, un poco de lácteos (o sustitutos) y una pequeña cantidad de grasas insaturadas (consulta la pág. 296 para ver el desglose exacto). Arriba puedes ver cómo se traduce esto en el plato de comida que luego tomarás. Pronto le cogerás el tranquillo.

En este libro, todos esos cálculos ya están hechos. En los casos en que una receta no está perfectamente equilibrada, al final del paso a paso te doy ideas para lograrlo, añadiendo un carbohidrato como arroz integral o rematando el plato con una cucharada de yogur para incorporar lácteos. No es imprescindible ser riguroso en cada comida; solo hay que tratar de incluir todos los grupos de alimentos a lo largo del día y conseguir que la semana sea equilibrada.

Consigue tus 7 al día

Las verduras y las frutas son estupendas y todos las necesitamos a diario. Seguro que has oído hablar de las 5 al día, pero en este libro voy a ayudarte a alcanzar las 7 al día, o incluso más. ¿Por qué? Porque eso es lo que marca la diferencia en lo que respecta a la salud. En la actualidad, en promedio solo consumimos dos o tres raciones diarias de verdura y fruta, por lo que los gobiernos recomiendan «al menos 5 al día» porque les parece factible. Pero estamos hablando de salud pública y deberían decirnos la verdad. ¡Podemos encajarla! El único que paga el precio de esta falsedad es nuestro ya desbordado Servicio Nacional de Salud, así que ser sinceros va en el interés de todos.

Hay estudios que demuestran que el consumo diario de entre 7 y 10 raciones de verdura y fruta reduce considerablemente el riesgo de padecer enfermedades relacionadas con la alimentación. Es una estadística contundente. Y muchos países y comunidades del mundo lo logran fácilmente. Así pues, en estas páginas, me he propuesto ofrecerte inspiración e ideas para aumentar este consumo, por ejemplo con estupendas ensaladas y platos vegetarianos que proporcionan entre 5 y 10 raciones en una sola comida.

El primer paso consiste en comprender qué se entiende por una de estas raciones recomendables, y luego hay que ver cómo introducir más variedad en tu dieta. En estas imágenes verás que una porción de tus 7 al día suele caberte en la palma de la mano (en el caso de los niños es lo mismo: lo que quepa en su palma). Si pesas las raciones durante un tiempo, pronto te acostumbrarás y podrás hacerlo a ojo.

Así pues, ¿qué es una ración?

80 g (o un puñado grande) de verduras y frutas frescas, congeladas o en conserva

También cuenta uno de los siguientes alimentos al día:

30 g de fruta deshidratada

80 g de legumbres cocidas

150 ml de zumo de verdura o fruta sin azúcar añadido

Te habrás dado cuenta de que siempre digo verduras y frutas, no frutas y verduras. Nombro primero las verduras a propósito, porque quiero que nos centremos sobre todo en ellas, pues aportan una mayor variedad de nutrientes.

En estas recetas he intentado que adquieras el hábito de incluir muchas verduras y frutas en cada comida, ciñéndome en gran medida a los tamaños de ración que te acabo de indicar. Utilízalas como guía; cuando digo 80 g de algo en la lista de ingredientes, me refiero al peso del alimento pelado o preparado, es decir, que realmente comas esa ración de 80 g. Como verás en los ejemplos de estas páginas, la cantidad suele ser más pequeña de lo que crees; si te ajustas a ese tamaño de ración, podrás dar más variedad a tus comidas. Guarda los recortes y sobras en el cajón de las verduras o en el frutero para otro día.

Lo más importante es que recuerdes comer verduras y frutas lo más variadas posible para obtener nutrientes, vitaminas y minerales al máximo. Además, llenarás tus comidas de color, textura y sabor. Si lo único que te llevas de este libro es cómo conseguir tus 7 al día, ya habré hecho mi trabajo.

Desayunos

Cereales vitamínicos

PARA 1 PERSONA CADA COMBINACIÓN | 3 MINUTOS

Es cierto que la mayoría de los cereales están llenos de azúcar, por lo que no son una buena opción para empezar el día. Sin embargo, hay alternativas sin azúcar añadido mucho más saludables, como Shredded Wheat, Weetabix, avena o arroz hinchados y muesli. Carga tu bol de energía añadiéndole una porción de fruta, frutos secos o semillas repletos de nutrientes y la leche que más te guste. ¡Prueba estas combinaciones o invéntate las que te apetezcan!

Shredded Wheat rosa

Poner **2 nidos de Shredded Wheat (45 g)** en un bol. Añadir **80 g de frambuesas o fresas maduras**; a mí me gusta aplastar algunas con un tenedor para darle color a la leche y dejar trozos enteros. Añadir **30 g de almendras con piel** picadas. Verter **150 ml de la leche que se prefiera**; el sabor de la **bebida de almendras enriquecida sin azúcar** queda ideal en esta combinación. Tomar enseguida.

Avena con plátano y frutos secos

Poner **30 g de avena o arroz hinchados** en un bol, espolvorear **1 pizca de cacao en polvo** y añadir **1 plátano pequeño en rodajas (80 g)** y **2 dátiles blandos sin hueso (25 g)**. Picar **1 cucharada de cacahuetes tostados sin sal** y añadir junto con **150 ml de la leche que se prefiera; la bebida de anacardo enriquecida sin azúcar** queda bien. Tomar enseguida.

Muesli suizo rápido

Poner **2 Weetabix (35 g)** en un bol con **1 cucharada de semillas de chía** y **1 pizquita de canela molida**. Rallar por encima (o cortar en palitos) **1 manzana crujiente (120 g)**, verter **100 ml de la leche que se prefiera (aquí me gusta la semidesnatada** de toda la vida), mezclarlo todo, añadir **50 ml más de leche** y comer.

Muesli de piña colada

Poner **65 g de muesli** en un bol. Pelar **80 g de piña madura (o de lata en su jugo)**, cortarla en dados y añadirla, junto con el zumo y la piel rallada fina de **1 lima**. Agregar ½ **cucharadita de coco rallado** y **150 ml de la leche que se prefiera; la bebida de coco enriquecida sin azúcar** le da ese toque de piña colada. Tomar enseguida.

Tostadas en 5 minutos

PARA 1 PERSONA CADA COMBINACIÓN | 5 MINUTOS

Para tomar algo rápido combinando ingredientes coloridos, nutritivos y satisfactorios. Escoge el pan que prefieras —integral, con semillas, de masa madre, pita, wrap o pan plano—, tuéstalo si quieres ¡y a combinar ingredientes!

A 1 cucharada colmada de crema de almendras con trocitos, 80 g de manzana en rodajas finas, 1 pizca de canela.

B ½ lata de 125 g de caballa en tomate, 80 g de tomates maduros picados, guindilla en rodajitas, unas hojas de perejil.

C 1 cucharada colmada de queso ricota, 80 g de moras, unas hojas tiernas de menta, un chorrito de miel líquida.

D 1 plátano pequeño maduro chafado (80 g), 80 g de frambuesas, 1 pizca de coco rallado tostado.

E 1 cucharada colmada de yogur griego, 80 g de arándanos partidos por la mitad y aliñados con limón, pistachos picados.

F 1 cucharada colmada de humus, 80 g de cintas de zanahoria cortadas con pelador, un poco de pasta de harissa, aceite de oliva virgen extra.

G 1 cucharada colmada de queso cottage, 80 g de tiras de pimiento rojo asado en conserva, unas nueces troceadas.

H ½ aguacate pequeño maduro chafado (80 g), 2 filetes de anchoa marinada, un poco de zumo y ralladura de limón.

I 1 cucharada colmada de queso crema, 80 g de tomates maduros en rodajas, 1 pizca de dukkah, un toque de aceite de oliva virgen extra.

A
B
C
D
E
F
G
H
I

Macedonia rallada

PARA 1 PERSONA | 8 MINUTOS

80 g de cada de
melocotón, mango, melón cantalupo, pera, manzana, plátano maduro

30 g de dátiles blandos sin hueso

2 ramitas de menta

1 lima

4 cucharadas de yogur griego

1 cucharada de semillas variadas o frutos secos sin sal

Pelar o quitar el corazón de la fruta, según sea necesario, y rallar cada pieza o cortarla en trozos pequeños. Trocear los dátiles, picar finas las hojas de menta y mezclarlo todo con un buen chorro de zumo de lima. Servir por encima del yogur griego y acompañar de las semillas o frutos secos que se prefieran. Para un bol más equilibrado, se puede tomar con copos de avena tostados o Weetabix desmenuzado.

Porridge helado

Es una especie de batido helado o, si se tritura al final, unas divertidas gachas heladas

PARA 4 PERSONAS
9 MINUTOS

- 200 g de copos de avena
- 40 g de semillas variadas
- 1 cucharada de miel líquida
- 320 g de mango congelado
- 1 plátano maduro (160 g)
- 150 g de yogur griego
- 1 cucharadita de pasta de vainilla
- 320 g de frutos rojos de temporada variados

1 En una sartén antiadherente a fuego medio, tostar la avena, las semillas y la miel con 2 cucharaditas de aceite de oliva durante 5 minutos, o hasta que se doren, removiendo con frecuencia.

2 Echar el mango congelado en un robot de cocina, junto con el plátano pelado, el yogur y la pasta de vainilla, y triturar hasta obtener una textura homogénea.

3 A continuación, o bien repartir la mezcla de mango en 4 boles, esparcir los frutos rojos por encima y servir enseguida acompañado de la avena tostada caliente, o bien triturar rápidamente en el robot la mitad de la avena y de los frutos rojos con la mezcla de mango congelado, y servir en porciones con el resto de los frutos rojos y la avena por encima. Terminar con un chorrito más de miel si se desea.

Tortilla de salmón ahumado y centeno

Una propuesta diferente para una combinación clásica. ¡Esta tortilla se sale!

PARA 1 PERSONA
9 MINUTOS

1 rebanada gruesa de pan de centeno (50 g)

2 huevos medianos

80 g de espinacas tiernas

50 g de salmón ahumado

½ limón

1 cucharada colmada de queso cottage (30 g)

unos tallos de cebollino

1 Poner una sartén antiadherente grande a fuego medio-alto, echar el pan de centeno bien desmenuzado y pulverizar con aceite de oliva. Sazonar con una pizca de pimienta negra y tostarlo hasta que esté crujiente. Mientras, batir los huevos en un bol. Con una cuchara, retirar la mitad de las migas crujientes y reservarlas para decorar. Dejar el resto en la sartén.

2 Poner las espinacas en la sartén, remover hasta que se marchiten y apagar el fuego. Verter los huevos batidos y darles unas vueltas hasta que la base de la sartén esté cubierta; se cocinarán con el calor residual. Trocear el salmón por encima, rallar fina la piel del medio limón, esparcir las migas reservadas y repartir el queso cottage.

3 Picar fino el cebollino, echarlo sobre la tortilla, pasarla a un plato y enrollarla. Servir con una cuña de limón.

Manzana asada rápida

Gracias al microondas, este desayuno delicioso e inesperado se prepara en un santiamén

PARA 1 PERSONA
9 MINUTOS

- 1 manzana crujiente (120 g)
- 1 dátil medjool sin hueso
- 1 plátano pequeño maduro (80 g)
- ½ cucharadita de cacao en polvo y un poco más para espolvorear
- 1 pizca de pimienta de Jamaica molida
- 1 cucharadita de semillas variadas
- 6 mitades de nuez (15 g)
- 2 cucharadas colmadas de yogur griego

1 Dejar la manzana entera y, con un descorazonador o un cuchillito afilado, quitar y desechar el corazón. Luego, con el cuchillo, hacer una incisión con cuidado por todo alrededor.

2 Picar fino el dátil, chafarlo junto con el plátano e incorporar el cacao, la pimienta de Jamaica y las semillas. Con una cuchara, introducir parte de la mezcla en el corazón de la manzana hasta llenarlo, disponer lo que sobre en el centro de un plato hondo que resista al calor y colocar la manzana encima. Cocer al microondas a 800 W durante 5 minutos o hasta que la manzana esté tierna.

3 Mientras, rallar finas las nueces e incorporar casi todas al yogur. Cuando la manzana esté cocida, servir a un lado del plato el yogur con nueces, rallar el resto de las nueces por encima, espolvorear un poco más de cacao en polvo y servir.

EQUILÍBRALO

En esta propuesta no hay carbohidratos, así que, para conseguir un desayuno más equilibrado, puedes añadir avena tostada o tomar después una tostada integral.

Receta base de avena nocturna

Es muy útil contar con estas raciones de avena nocturna, que aguantan en la nevera hasta 3 días. A la mañana siguiente, tendrás un desayuno práctico, nutritivo, delicioso y que combina con montones de sabores. Esta es la receta base, que queda buenísima tal cual, pero si pasas la página encontrarás todas las propuestas diferentes que se pueden preparar con ella...

PARA 6 PORCIONES
10 MINUTOS
Y UNA NOCHE DE REPOSO

2 plátanos maduros (320 g)

700 ml de leche semidesnatada o la bebida vegetal enriquecida sin azúcar que se prefiera

2 cucharaditas de pasta de vainilla

300 g de copos de avena

2 manzanas

1 Con una batidora, triturar los plátanos pelados con la leche y la vainilla hasta que quede homogéneo y verterlo por encima de la avena en un bol. Rallar gruesas las manzanas en el bol, mezclar bien, tapar y dejarlo reposar toda la noche en la nevera.

2 Al día siguiente, remover bien y corregir la consistencia con un poco más de leche si fuera necesario. Entonces se puede tomar tal cual, añadiendo un puñado de la fruta de temporada que se prefiera, frutos secos sin sal o semillas, o escoger una de las deliciosas combinaciones de sabores de la página siguiente; a cada propuesta hay que añadirle 220 g de la receta base de avena nocturna para obtener una sabrosa porción. Y a disfrutarlo.

CONSEJO PRÁCTICO

¿Lo preparas para una persona? En ese caso, utiliza la mitad de cada ingrediente, con lo que obtendrás 3 porciones (de 220 g cada una) para los días siguientes.

¡PASA LA PÁGINA SIGUIENTE PARA INSPIRARTE!

Melocotón melba

Con un tenedor, chafa **80 g de frambuesas** y disponlas en capas en un tarro o bote con **220 g de la receta base de avena nocturna**, **80 g de melocotón en almíbar escurrido** y **2 cucharadas de yogur griego**.

Bakewell de cerezas

Rallar fina la piel de **1 naranja**, cortarla en gajos y disponer en capas con **220 g de la receta base de avena nocturna**, **80 g de cerezas congeladas** y **1 cucharada colmada de almendras laminadas tostadas**.

Tarta de queso con arándanos

Disponer en capas **80 g de arándanos** (chafar antes la mitad con un tenedor), **220 g de la receta base de avena nocturna**, **2 cucharadas de crema agria** y **1 cucharada colmada de almendras laminadas tostadas**.

Tiramisú

Mezclar **1 café exprés** (tan fuerte como se quiera) con **220 g de la receta base de avena nocturna**, disponerlo en capas con **2 cucharadas de yogur griego** y espolvorear abundante **cacao en polvo** por encima.

Huevos con pimiento y tofu picante

Hazte con un buen aceite de guindilla con sésamo y trozos de cacahuete para añadir sabor a raudales a muchos platos

PARA 1 PERSONA
10 MINUTOS

100 g de setas de ostra

100 g de tofu firme

1 pimiento rojo asado grande en conserva (80 g)

1 cucharada de aceite de guindilla con sésamo y trozos de cacahuete

1 cucharadita de salsa de soja baja en sal

½ limón

2 huevos medianos

2 ramitas de cilantro

1 Limpiar las setas y ponerlas en una sartén antiadherente grande a fuego alto. Cortar el tofu en trozos, añadirlo y freírlo todo en seco durante 4 minutos, hasta que se dore. Trocear el pimiento y dorar 1 minuto más.

2 Sacar la sartén del fuego, añadir ½ cucharada de aceite de guindilla, la soja y un chorrito de zumo de limón. Remover 1 minuto y servirlo en el plato.

3 Sin demora, pasar un papel de cocina por la sartén, volver a ponerla al fuego y pulverizar aceite; luego, batir los huevos, sazonarlos y verterlos en la sartén. Remover despacio hasta que parte del huevo esté sedoso y empiece a cuajarse y el resto esté más cremoso, y servirlo sobre los demás ingredientes. Echar por encima las hojas del cilantro, regar con el aceite de guindilla restante y servir. Se puede acompañar de arroz al vapor, si se quiere.

Tostada con frutos rojos y queso dorado

En el Mediterráneo, el queso frito a menudo se sirve con fruta fresca o asada: una combinación mágica

PARA 2 PERSONAS
12 MINUTOS

80 g de queso halloumi o paneer

320 g de frutos rojos variados, como fresas, frambuesas, arándanos

1 cucharadita de vinagre balsámico

2 ramitas de albahaca

2 rebanadas de pan integral de masa madre

1 cucharadita de miel líquida

1 Poner una sartén antiadherente a fuego medio con 1 cucharada de aceite de oliva. Cortar en rodajas el queso, colocarlo en la sartén y cocinarlo por ambas caras hasta que se dore. Reservar.

2 Limpiar las fresas, partirlas por la mitad y ponerlas en la sartén con los demás frutos rojos que se usen. Cocinarlos 3 minutos o hasta que estén blandos, removiendo de vez en cuando con cuidado. Verter por encima el vinagre balsámico, deshojar casi toda la albahaca en la sartén y remover despacio hasta que las hojas empiecen a marchitarse.

3 Tostar el pan, colocar una rebanada en cada plato y echar por encima la fruta de la sartén. Disponer por encima las hojas de albahaca restantes, añadir el queso dorado, regar con la miel ¡y a comer!

Huevos escalfados con dukkah

Divertido, sabroso y delicioso, este plato es perfecto para el desayuno, un brunch, la comida o un bocado ligero

PARA 1 PERSONA
14 MINUTOS

1 boniato pequeño (160 g)

80 g de tomates cherry maduros de colores variados

1 guindilla roja fresca

½ manojo de perejil (15 g)

½ limón

2 huevos

1 cucharada de dukkah

opcional: 1 pan plano

1 Pinchar el boniato y cocerlo en el microondas durante 6 minutos a 800 W o hasta que esté tierno.

2 Picar los tomates, la guindilla y el perejil, tallos incluidos, reservando algunas hojas enteras. Aliñar con el zumo del limón y una pizquita de sal marina y pimienta negra.

3 Llenar hasta la mitad un cazo con agua, añadir una pizca de sal y llevar a ebullición a fuego lento. Cascar uno de los huevos en una taza, verterlo con cuidado en el agua y repetir con el otro huevo. Escalfarlos entre 2 y 4 minutos, según el punto de cocción deseado.

4 Mientras, chafar el boniato con 2 cucharaditas de aceite de oliva virgen extra, desechando la piel, sazonar al gusto y extenderlo en el plato. Disponer los tomates aliñados encima. Con una espumadera, añadir los huevos escalfados, espolvorear por encima la dukkah y las hojas de perejil reservadas, y terminar con un chorrito de aceite de oliva virgen extra si se desea. Un pan plano acompaña muy bien.

Tostada con crema de plátano y fruta

En esta deliciosa receta, el plátano caramelizado marca la diferencia en cuanto a sabor

PARA 1 PERSONA
14 MINUTOS

1 rebanada gruesa de pan integral de masa madre

1 plátano pequeño maduro (80 g)

30 g de dátiles medjool sin hueso

1 cucharadita de semillas variadas

1 cucharada de crema de cacahuete crujiente

1 cucharadita de cacao en polvo y un poco más para espolvorear

1 cucharada colmada de yogur griego

40 g de frambuesas

1 Tostar el pan en seco en una sartén antiadherente a fuego medio. Pelar el plátano, ponerlo a un lado del pan en la sartén aplastándolo un poco, añadir los dátiles y las semillas, y cocinarlo todo hasta que se dore. Pasar la tostada a un plato y todo lo demás a un bol.

2 Con un tenedor, chafar el plátano caramelizado con los dátiles, las semillas, la crema de cacahuete y el cacao, mezclándolo todo bien hasta obtener una pasta fina, y untar con ella la tostada. Echar por encima la cucharada de yogur, espolvorear con un poco más de cacao, disponer las frambuesas por encima, apretando un poco para encajarlas en la crema de plátano, ¡y a comer!

VARIACIONES FÁCILES

Esta receta admite cualquier fruto rojo de temporada: moras, arándanos o rodajitas de fresas quedarán muy bien.

Tortitas con taza

Las tortitas te permiten dar rienda suelta a la diversión; casan estupendamente con cualquier sabor, son ideales para probar todo un arcoíris de frutas y verduras, y gustan a niños y adultos por igual. Además, si se combinan con una opción salada, ¡pueden tomarse en el desayuno, el brunch, la comida o la cena! Coge una taza, mide con ella la harina y la leche, añade un huevo, mezcla ¡y listo!

PARA 4 PERSONAS
18 MINUTOS

1 taza de harina integral con levadura

1 taza de leche semidesnatada o la bebida vegetal enriquecida sin azúcar que se prefiera

1 huevo grande

Tortitas dulces

1 cucharadita de pasta de vainilla

Tortitas saladas

50 g de queso feta desmigado

1 Poner todos los ingredientes en un bol grande con una pizquita de sal marina (para obtener tortitas más gruesas y esponjosas, usar una taza colmada de harina) y batir bien, añadiendo el ingrediente extra según la tortita sea dulce o salada si se desea.

2 Poner una sartén antiadherente grande a fuego medio. Pulverizar aceite de oliva y echar por separado unas cucharadas de masa. Añadir a cada una la fruta o verdura escogida (pasa la página para ver algunas ideas) y, cuando se dore la base, darles la vuelta con cuidado y cocinarlas hasta que el lado con la fruta o la verdura esté ligeramente dorado también. Servir las tortitas y repetir con el resto de la masa.

¿LAS VAS A TOMAR DULCES?

Quedarán ideales acompañadas de una cucharada de yogur, los frutos secos sin sal o semillas que prefieras y un toque de miel líquida al gusto.

¿LAS PREFIERES SALADAS?

Una cucharada de queso cottage o crema agria por encima y un poco de rúcula aliñada con limón completarán el plato.

Fresa
Albaricoque
Plátano
Piña
Arándano
Frambuesa
Pasas
Ciruela
Pera

Espárrago
Maíz
Champiñón
arbanzo
Guisante
Guindilla
Calabacín
Tomate cherry
Edamame

Tostada con queso y alubias

Apetece a cualquier hora, aporta muchos nutrientes y se improvisa en un momento

PARA 2 PERSONAS
18 MINUTOS

- 1 diente de ajo
- ½ guindilla roja fresca
- 2 ramitas de salvia
- 200 g de tomates cherry maduros de colores variados
- 1 lata (de 400 g) de alubias blancas
- 2 cucharaditas de reducción de vinagre balsámico
- 2 rebanadas de pan integral de masa madre
- 80 g de queso halloumi o paneer

1 Pelar el ajo y cortarlo en láminas finas junto con la guindilla. Deshojar la salvia. Partir los tomates por la mitad. Poner una sartén antiadherente a fuego alto con ½ cucharada de aceite de oliva, el ajo, la guindilla y la salvia. Freír hasta que empiece a chisporrotear y se dore ligeramente. Cuando las hojas de salvia estén crujientes, ponerlas sobre papel de cocina y agregar a la sartén los tomates, las alubias (incluido el líquido de la conserva) y el vinagre balsámico. Cocinar a fuego lento durante 5 minutos, o hasta que empiece a espesar, removiendo de vez en cuando.

2 Tostar el pan y disponerlo en los platos. Sazonar las alubias al gusto y repartirlas sobre las tostadas. Pasar un papel de cocina por la sartén para limpiarla y volver a ponerla a fuego alto con ½ cucharada de aceite. Cortar el queso en rodajas y ponerlo en la sartén. Freír por ambas caras hasta que se doren ligeramente, desmenuzarlo sobre las alubias, echar por encima la salvia crujiente, añadir un chorrito más de vinagre balsámico, si se desea, y servir.

VARIACIONES FÁCILES

Puedes preparar esta receta con las alubias que prefieras; las de tipo cannellini o borlotti quedan deliciosas.

Rollitos fáciles de filo y huevo

La pasta filo es de lo más versátil. ¡Combina con todo y siempre sale bien!

PARA 4 PERSONAS
22 MINUTOS

- 8 hojas de pasta filo
- 800 g de alubias blancas en conserva
- 2 cucharadas colmadas de concentrado de tomate
- 1 cucharada colmada de pasta de harissa
- 4 huevos grandes
- 40 g de queso cheddar
- 2 cucharaditas de semillas de sésamo
- 2 pimientos de colores variados (320 g)
- 2 cebolletas
- 1 manojo de eneldo (20 g)

1 Precalentar el horno a 200 °C. Pulverizar 2 hojas de pasta filo con aceite de oliva, alinear los dos lados más cortos de manera que se superpongan, arrugarlos a lo largo y enrollar hasta formar un nido de unos 15 cm de ancho que cuente también con una base. Colocar el nido en una bandeja pulverizada con aceite y repetir con las demás hojas.

2 Escurrir las alubias, mezclarlas con la harissa, el concentrado de tomate y ½ cucharada de vinagre de vino tinto, y repartirlo entre los nidos de pasta filo. Cascar un huevo en cada uno, sazonar con sal marina y pimienta negra, rallar el queso por encima y espolvorear con las semillas de sésamo. Hornear durante 15 minutos o hasta que los nidos estén dorados y crujientes.

3 Mientras, quitar las semillas de los pimientos y picarlos finos. Limpiar las cebolletas y picarlas finas. Picar bien el eneldo, mezclarlo todo bien y aliñar con 2 cucharadas de vinagre de vino tinto, 1 cucharada de aceite de oliva virgen extra y una buena pizca de sal.

4 Servir los rollitos de filo y huevo con la ensalada de pimientos para acompañar.

Copas de fruta con granola

Frutas de hueso asadas, una granola fácil de preparar y yogur: el desayuno perfecto para llevar

PARA 6 PORCIONES
26 MINUTOS

- 800 g de melocotones, ciruelas o albaricoques maduros
- 1 cucharadita de pasta de vainilla o 1 vaina de vainilla
- 1 naranja
- 100 g de copos de avena
- 30 g de semillas variadas, como calabaza, girasol, lino
- 1 cucharadita de jengibre molido
- 50 ml de sirope de arce
- 2 cucharadas de la crema de frutos secos que se prefiera
- 30 g de frutos secos sin sal, como nueces pecanas, avellanas, nueces
- yogur griego o vegetal, para acompañar

1 Precalentar el horno a 180 °C. Partir la fruta escogida, retirar el hueso y ponerla en una fuente para el horno grande con la pasta de vainilla (si se usa una vaina, partirla por la mitad a lo largo, raspar las semillas y añadir vaina y semillas a la bandeja). Rallar fina la piel de la naranja, exprimir el zumo y echar ambos por encima de la fruta, remover y disponer la fruta en una sola capa. Asar durante 20 minutos o hasta que esté tierna.

2 Para elaborar la granola, poner los copos de avena, las semillas, el jengibre, el sirope de arce y la crema de frutos secos en un bol grande con una pizca de sal marina. Picar gruesos los frutos secos y añadirlos. Mezclar bien, amasando con los dedos para crear tanto una textura desmigada como pequeños grumos. Extender en una bandeja de horno grande y poner en el horno, debajo de la fuente de la fruta, durante los últimos 10 minutos o hasta que se dore.

3 Servir la fruta caliente o dejarla enfriar y guardar en la nevera hasta que vaya a usarse. Servir porciones al gusto. Dejar enfriar la granola y guardar en un tarro hermético hasta que se necesite. A la hora de tomarlo, yo suelo disponer la fruta y la granola en capas en pequeñas tazas, tarros o vasos y lo remato con una cucharada de cremoso yogur frío.

PARA VARIOS DÍAS

Es muy fácil y práctico preparar el doble de granola para varios días; se conserva en un recipiente hermético, donde estará listo para el desayuno, para postres ¡o incluso para picar tal cual!

Panecillos de proteínas para varios días

Proteínas a tope, y además la casa se llenará del delicioso aroma a pan recién hecho. Todo ventajas.

PARA 12 UNIDADES
35 MINUTOS
MÁS EL LEUDADO

7 g de levadura seca

150 g de frutos secos variados sin sal, como almendras, anacardos, nueces

2 cucharadas de pipas de girasol

2 cucharadas de semillas de calabaza

3 huevos grandes

850 g de harina integral con levadura

300 g de queso cottage

1 cucharadita de extracto de levadura Marmite

1 En una jarra, mezclar la levadura con 300 ml de agua templada y dejar reposar 5 minutos.

2 Poner los frutos secos y las semillas en un robot de cocina y triturar para trocearlos. En el vaso del robot de cocina, cascar 2 huevos y agregar 1 cucharadita de sal marina, la harina, el queso cottage y el extracto de levadura Marmite. Verter también la mezcla de levadura y batir hasta que quede todo bien incorporado.

3 Volcar la mezcla en una superficie de trabajo limpia y amasar durante 5 minutos. Luego, tapar y dejar reposar en un lugar cálido durante 1 hora o hasta que duplique su tamaño.

4 Dividir la masa en 12 porciones iguales, amasar cada porción hasta darle una forma de panecillo alargado y disponerlos en una bandeja forrada con papel de horno (quizá no quepan todos en una sola tanda). Hacerles una incisión longitudinal en el centro, batir el huevo restante y pintar con él los panecillos. Dejar reposar 1 hora más o hasta que dupliquen su tamaño.

5 Precalentar el horno a 190 °C. Hornear los panecillos durante 20 minutos o hasta que estén dorados y suenen huecos al darles unos golpes en la base. Dejar enfriar sobre una rejilla.

Y SI SE QUIEREN CONGELAR...

Si se prevé que van a sobrar panecillos, pueden envolverse y congelarse después del segundo leudado (al final del paso 4). Luego, solo habrá que sacarlos del congelador y hornearlos directamente durante 25 minutos a 190 °C.

Comidas

Cóctel de gambas para uno

Me encanta el cóctel de gambas, y esta versión que te presento está buena de verdad

PARA 1 PERSONA
6 MINUTOS

2 cucharadas colmadas de yogur griego

1 cucharada colmada de kétchup

1 cucharadita de salsa Worcestershire

1 limón

150 g de gambas cocidas y peladas

1 mango pequeño en el punto justo de maduración

80 g de lechuga iceberg

80 g de maíz dulce en conserva

80 g de pepino

1 cucharada de rodajas de jalapeños en conserva

1 Para preparar la salsa cóctel, en un bol para servir mezclar el yogur, el kétchup y la salsa Worcestershire con el zumo de medio limón. Incorporar las gambas.

2 Pelar el mango, cortarlo en rodajas y luego en dados, y añadirlo al bol junto con el jugo que haya salido. Picar muy fina la lechuga, incorporarla al bol con el maíz y sazonar al gusto con sal marina y pimienta negra.

3 Con un pelador, cortar el pepino en cintas y disponerlas en el bol. Esparcir por encima las rodajas de jalapeño y una pizca de pimienta negra, y servir con cuñas de limón. Ideal acompañado de una rebanada de pan integral, un puñado de picatostes o galletas saladas.

Kedgeree rápido

Ideal para un brunch o una comida, el kedgeree es nutritivo, reconfortante y se prepara en un momento

PARA 1 PERSONA
9 MINUTOS

1 filete (de 90 g) de trucha o salmón ahumado en caliente, con piel

½ cebolla (80 g)

1 cucharadita colmada de la pasta de curri que se prefiera

1 paquete de 125 g de arroz basmati integral cocido

80 g de espinacas tiernas

80 g de guisantes congelados

1 limón

1 huevo

1 cucharadita colmada de almendras tostadas laminadas

1 cucharada colmada de yogur natural

1 Poner una sartén antiadherente grande a fuego medio-alto. Quitar la piel del filete de pescado y cocerla en la sartén hasta que quede crujiente. Reservar.

2 Bajar el fuego a medio. Pulverizar un poco de aceite de oliva en la sartén. Pelar la cebolla, picarla muy fina y echarla en la sartén con un buen chorro de agua. Cocinar durante 3 minutos, removiendo con frecuencia. Incorporar la pasta de curri seguida del arroz, las espinacas, los guisantes y el zumo de medio limón. Desmigar el pescado por encima, cocinarlo 2 minutos y apartarlo todo a un lado de la sartén. En el hueco que queda, pulverizar aceite, cascar el huevo, freírlo 1 minuto por cada lado, incorporarlo al arroz y sazonar al gusto.

3 Partir por encima la piel crujiente del pescado, añadir las almendras y mezclar bien. Emplatar y servir con cucharadas de yogur y una cuña de limón.

Ensalada cremosa de col y nueces

PARA 1 PERSONA | 9 MINUTOS

80 g de cada de
zanahoria, apionabo, cebolla roja, pera, repollo

30 g de rodajas de manzana deshidratada

10 g de nueces

2 ramitas de perejil

2 cucharadas de yogur griego

2 cucharaditas de mostaza de textura granulada

Limpiar y pelar las verduras y frutas frescas, según sea necesario, y rallarlas gruesas con un rallador, o bien picarlas finas con un buen cuchillo o una mandolina (¡usar el protector!). Picar fina la manzana deshidratada, las nueces y el perejil, tallos incluidos. Amasarlo todo con el yogur, la mostaza y 1 cucharada de cada de vinagre de vino tinto y aceite de oliva virgen extra, y sazonar al gusto. Queda muy bien para acompañar una patata asada, huevos fritos, pollo asado o, simplemente, tal cual.

Ensalada templada de lentejas

Una combinación clásica: lentejas templadas, el punto fresco y crujiente de la lechuga y un aliño cremoso de mostaza

PARA 2 PERSONAS
9 MINUTOS

- 1 cebolla roja (160 g)
- 1 diente de ajo
- 160 g de tomates maduros de colores variados
- ½ manojo de albahaca (15 g)
- 2 cucharaditas de mostaza de Dijon
- ½ limón
- 2 cucharadas de vinagre balsámico
- 1 lata (de 400 g) de lentejas
- ½ lechuga trocadero
- 4 bolitas de mozzarella

1 Poner una sartén antiadherente grande a fuego alto con una pulverización de aceite de oliva. Pelar el ajo y la cebolla, picarlos muy finos y echarlos en la sartén, removiendo con frecuencia durante 5 minutos.

2 Mientras, partir los tomates por la mitad, en rodajas o en cuartos y colocarlos en boles de servir. Reservar las hojas más pequeñas de la albahaca y picar fino el resto, tallos incluidos. En un bol, preparar el aliño: batir con unas varillas la mostaza con el zumo del ½ limón y 2 cucharadas de aceite de oliva virgen extra, y sazonar al gusto.

3 Echar en la sartén el vinagre balsámico y las lentejas, incluido el líquido de la conserva. En cuanto las lentejas empiecen a burbujear, chafar la mitad para conseguir una textura más cremosa. Incorporar la albahaca picada, sazonar al gusto y echarlas con una cuchara por encima de los tomates.

4 Deshojar la lechuga lavada, repartirla entre los boles, romper por encima la mozzarella, regar con el aliño y decorar con las hojas de albahaca reservadas. Las hojas de lechuga pueden usarse a modo de cucharas para ir rellenándolas con bocados de los demás ingredientes. Acompañar con un poco de pan integral crujiente.

Y SI PREFIERES VEGANO...

Solo hay que quitar la mozzarella o cambiarla por un poco de yogur vegano o feta vegano.

Plato de atún con harissa

Esta ensalada no requiere cocinar y ofrece energía, sabores, texturas y alegría a raudales

PARA 2 PERSONAS
9 MINUTOS

2 cebolletas

1 bulbo pequeño de hinojo (160 g)

2 zanahorias (160 g)

1 limón

1 clementina

2 cucharadas de cebolla crujiente frita

220 g de atún en aceite de oliva o 145 g de atún al natural

4 cucharadas de yogur griego

4 cucharaditas de pasta de harissa

8 galletas saladas de avena

1 Limpiar y cortar en rodajas finas las cebolletas, el hinojo (reservando las hojas superiores, si hubiera) y las zanahorias (a mí me gusta cortarlas en cintas con un pelador), y mezclarlo todo con el zumo de ½ limón. Pelar la clementina y cortarla en rodajas. Disponerlo todo en dos platos y repartir por encima la cebolla crujiente.

2 Escurrir el atún y desmenuzarlo en los platos. Echar por encima las cucharadas de yogur y formar en él unas ondas de harissa. Esparcir las hojas de hinojo reservadas y rociar con un poco de aceite de oliva virgen extra. Servir con las galletas saladas y cuñas de limón, para exprimirlas por encima.

VARIACIONES FÁCILES

El atún casa perfectamente en esta ensalada, pero se puede intercambiar por cualquier otro pescado en conserva, como salmón o caballa.

Ensalada de cereales y huevos fritos al curri

Un paquete de cereales precocidos es la base para un almuerzo rápido y sabroso para trabajar desde casa

PARA 2 PERSONAS
10 MINUTOS

- 1 paquete (de 250 g) de cereales variados precocidos (trigo, cebada, arroz integral y rojo, quinoa)
- 2 zanahorias (160 g)
- 2 cogollos de lechuga
- ½ manojo de menta (15 g)
- 1 limón
- ½-1 guindilla roja fresca
- 1 cucharadita de curri en polvo, y un poco más para espolvorear
- 4 huevos
- 2 cucharadas colmadas de chutney de mango
- 2 cucharadas colmadas de yogur natural

1 Calentar los cereales siguiendo las instrucciones del paquete. Lavar las zanahorias y rallarlas gruesas con un rallador. Limpiar y picar la lechuga. Deshojar la menta, troceando las hojas más grandes, y ponerlo todo en un bol grande.

2 Verter en el bol los cereales calientes, mezclar bien y aliñar con el zumo del limón, sazonar al gusto y repartir en dos platos.

3 Poner una sartén a fuego medio con 1 cucharada de aceite de oliva. Picar fina la guindilla y echarla junto con el curri en polvo. Cuando empiece a chisporrotear, cascar en la sartén los huevos, sazonar con sal marina, pimienta negra y una pizca más de curri, y tapar la sartén. Dejar que los huevos se frían y cuajen al gusto. Mientras, crear unas ondas de chutney de mango en el yogur. Emplatar los huevos y servirlo todo con el yogur aliñado.

MÁS VERDURAS

Este plato admite muchas verduras. Por ejemplo, una parte de la lechuga se puede cambiar por tirabeques, pepino o cebolleta. ¡O, simplemente, añade toda la cantidad de verduras que quieras!

Tortilla sedosa rápida

Es un almuerzo perfecto, pero sienta bien a cualquier hora. Un acierto seguro

PARA 1 PERSONA
10 MINUTOS

- 80 g de espárragos
- 80 g de tomates cherry maduros
- 400 g de alubias blancas, tipo cannellini, en conserva
- 2 aceitunas negras con hueso
- 2 ramitas de albahaca
- 2 huevos medianos
- 15 g de parmesano

1 Retirar los extremos leñosos de los espárragos y poner los tallos, en seco, en una sartén antiadherente a fuego alto con los tomates. Cocinar durante 4 minutos o hasta que empiecen a tostarse, removiendo de vez en cuando. Luego, retirar los espárragos.

2 Verter las alubias, incluido el líquido de la conserva, añadir 1 cucharadita de vinagre de vino tinto y reducir hasta que adquieran una textura cremosa. Aplastar las aceitunas, retirar el hueso y trocearlas en la sartén, trocear casi toda la albahaca (reservando algunas hojas tiernas para decorar), agregar los espárragos, remover, sazonar al gusto y servirlo en el plato.

3 Sin demora, pasar un papel de cocina por la sartén y pulverizar con aceite de oliva. Batir los huevos, verterlos e ir removiéndolos. Rallar fino por encima casi todo el parmesano. Para entonces los huevos estarán casi cocidos y se puede apagar ya el fuego. Inclinar la sartén y, con una espátula de plástico, soltar los bordes de la tortilla con cuidado, doblándola varias veces y deslizándola al plato.

4 Rallar fino el resto del parmesano por encima y repartir las hojas reservadas de albahaca. A mí me gusta añadirle un toque de salsa de guindilla y una rebanada de pan integral tostado.

VARIACIONES FÁCILES

Alubias borlotti o judiones quedan también deliciosos en esta receta

Ensalada de fideos y langostinos

Alegre y de colores intensos, es una receta de contrastes: dulce, salado, asado, crujiente, tierno

PARA 2 PERSONAS
10 MINUTOS

250 g de tomates cherry maduros de colores variados

1 lata (410 g) de mitades de melocotón en su jugo

1 lima

½ manojo de menta (15 g)

2 nidos de fideos de arroz finos instantáneos (90 g en total)

160 g de tirabeques

165 g de langostinos pelados crudos

1 cucharada de salsa de soja baja en sal

1 cucharadita de aceite de guindilla con sésamo y trozos de cacahuete, y un poco más para servir

1 Poner agua a hervir. Partir los tomates por la mitad y escurrir y picar los melocotones. Poner tres cuartas partes de esta mezcla en un bol grande y rallar fina por encima la piel de la lima. Reservar las hojas de menta más pequeñas, picar fino el resto y añadirlo al bol.

2 En otro bol, poner los fideos y echar agua hirviendo justo hasta cubrirlos, dejar que se rehidraten durante unos minutos, escurrirlos y añadirlos al bol grande.

3 Tostar en seco los tirabeques y los langostinos en una sartén antiadherente a fuego alto durante 4 minutos, o hasta que estén cocidos, removiendo con frecuencia. Agregar a la ensalada.

4 Poner los trozos reservados de tomate y melocotón en el vaso de una batidora con la soja, el zumo de lima y el aceite de guindilla. Triturar hasta obtener una textura homogénea, sazonar al gusto, verter sobre la ensalada y remover con cuidado. Servir con las hojas de menta reservadas y un chorrito más de aceite de guindilla, si se desea.

Wrap de sardina crujiente y aguacate

Una divertida mezcla de sabores y texturas: caliente, frío, tierno, crujiente, aromático, cítrico y picante

PARA 1 PERSONA
10 MINUTOS

1 lata (de 105 g) de sardinas al natural

1 pizca de semillas de hinojo

½-1 guindilla roja fresca

1 tortilla grande integral

1 tomate maduro (80 g)

1 lima

80 g de col blanca

½ aguacate pequeño maduro (80 g)

1 cucharada de queso cottage

2 ramitas de cilantro

1 Escurrir las sardinas, ponerlas en una sartén antiadherente grande, pulverizar con aceite de oliva, echar por encima las semillas de hinojo y añadir media guindilla en rodajas finas. Cocinar a fuego alto durante 5 minutos, o hasta que la sardina esté dorada y crujiente, sacudiendo la sartén de vez en cuando. Cuando solo falte un minuto, poner la tortilla encima para calentarla.

2 Mientras, partir el tomate por la mitad y rallarlo fino sobre un bol con el resto de la guindilla, desechando la piel del tomate. Añadir el zumo de media lima y sazonar al gusto. Rallar gruesa la col, aliñar con el zumo de la otra media lima y sazonar. Partir el aguacate por la mitad, retirar el hueso, pelarlo y cortarlo en rodajas.

3 Disponer la tortilla caliente en el plato, echar por encima cucharadas del queso cottage, repartir la col y el aguacate, terminar con las sardinas y la guindilla y aliñar con la salsa de tomate y las hojas del cilantro. ¡A disfrutar!

Ensalada arcoíris picada

PARA 1 PERSONA | 11 MINUTOS

80 g de cada de
granos de granada, pimiento amarillo, tomate maduro, cebolla roja, pepino, garbanzos en conserva, rábanos, aguacate maduro, cogollo de lechuga

30 g de mango deshidratado

½ manojo de menta (15 g)

1 lima

Dejar los garbanzos y los granos de granada enteros y limpiar, pelar o quitar las semillas de las demás verduras y frutas, y picarlas finas junto con el mango deshidratado y las hojas de menta. Aliñar con el zumo de la lima y 1 cucharada de aceite de oliva virgen extra. Sazonar al gusto con sal marina y pimienta negra, y servir. Está delicioso tal cual o para acompañar cuscús o una patata asada recién hecha.

Ensalada de salmón, remolacha y patata

Ingredientes ahumados, en conserva y envasados se unen en esta comida sencilla pero sabrosa y divertida

PARA 2 PERSONAS
11 MINUTOS

280 g de remolacha envasada al vacío

1 lata (de 567 g) de patatas nuevas peladas

2 cucharadas de yogur griego

1 cucharada de mostaza de textura granulada o rábano picante rallado en conserva

1 limón

1 manojo de eneldo (20 g)

4 cebolletas

½ pepino (160 g)

2 filetes (de 90 g cada uno) de trucha o salmón ahumado en caliente

4 panes crujientes Ryvita multicereales u otras tostas crujientes

1 Sin sacarlas del envase, chafar las remolachas y vaciar en un bol grande, escurriendo el líquido sobrante. Escurrir las patatas, trocearlas y añadirlas al bol junto con el yogur y la mostaza o rábano picante. Rallar la piel del limón sobre el bol y añadir el zumo de medio limón. Picar bien el eneldo, echar casi todo en el bol, mezclar bien, sazonar al gusto y repartir entre los platos.

2 Limpiar las cebolletas y cortarlas en rodajas finas. Con la base de la mano, aplastar el pepino a lo largo, cortarlo en trozos grandes y mezclarlo con la cebolleta y 1 cucharada de cada de vinagre de vino tinto y aceite de oliva virgen extra. Sazonar al gusto y repartir entre los platos.

3 Desmigar por encima el salmón y esparcir el resto del eneldo y los panes Ryvita partidos. Se puede tomar tal cual o mezclarlo todo bien antes; está buenísimo, pues algunos trozos de Ryvita quedan crujientes y otros blandos al haberse impregnado de las salsas.

Tostada de sardinas y ensalada de tomate

Me encanta preparar almuerzos como este; llenos de color y sabor, y a tope de pescado azul de lata

PARA 2 PERSONAS
11 MINUTOS

- 1 cebolla roja (160 g)
- 1 guindilla roja fresca
- 1 bulbo pequeño de hinojo (160 g)
- 400 g de alubias blancas, tipo cannellini, en conserva
- 160 g de pimientos rojos asados en conserva
- 300 g de tomates cherry maduros de colores variados
- 8 aceitunas negras con hueso
- 2 rebanadas de pan integral de masa madre
- 1 lata (de 105 g) de sardinas al natural

1 Pelar la cebolla, quitar las semillas de la guindilla y limpiar el hinojo, reservando las hojas superiores, si las hubiera. Cortarlo todo en rodajas muy finas con un cuchillo o un pelador, colocarlo en un bol grande con 2 cucharadas de cada de vinagre de vino tinto y aceite de oliva virgen extra, y amasar bien.

2 Escurrir las alubias y añadirlas junto con los pimientos cortados en tiras. Picar y añadir los tomates. Deshuesar las aceitunas y trocearlas, mezclar muy bien y sazonar al gusto con sal marina y pimienta negra.

3 Tostar el pan. Escurrir las sardinas (a mí me gusta echar el líquido en la ensalada), disponerlas sobre las tostadas, esparcir por encima las hojas reservadas del hinojo y repartirlas en los platos. Terminar con un chorrito de aceite de oliva virgen extra antes de servir.

VARIACIONES FÁCILES

Las sardinas en lata pueden sustituirse por atún o caballa, o bien hacer el plato vegano y utilizar bolitas de mozzarella o queso de cabra en lugar del pescado.

Ensalada a tiras con sésamo y miso

PARA 1 PERSONA | 12 MINUTOS

80 g de cada de
tirabeques, col blanca, pimiento amarillo, zanahoria, espárragos

1 guindilla roja fresca

1 lima

1 cucharadita colmada de tahini

1 cucharadita colmada de pasta de miso blanco

1 cucharadita colmada de semillas de sésamo tostadas

2 ramitas de cilantro

Limpiar o quitar las semillas de las verduras, según sea necesario, y cortarlas todas en tiras finas con un pelador o a mano con un buen cuchillo. Picar fina la guindilla (retirar las semillas, si se desea), y amasarlo todo bien con cuidado con el zumo de la lima, el tahini, el miso y 1 cucharada de aceite de oliva virgen extra. Sazonar al gusto, y esparcir las semillas de sésamo y las hojas del cilantro por encima. Se puede acompañar de arroz integral o fideos.

Wrap con verduras y humus de alubias negras

Preparar una especie de humus con nutritivas alubias es un gran truco que aporta salud y sabor

PARA 2 PERSONAS
12 MINUTOS

400 g de alubias negras en conserva

1 cucharada de tahini

1 lima

½ diente de ajo

160 g de rábanos

1 aguacate pequeño maduro (160 g)

1 tomate corazón de buey maduro (160 g)

2 tortillas grandes integrales con semillas

1 cucharadita de dukkah

30 g de queso feta

1 Echar las alubias en el vaso de la batidora y reservar el jugo. Agregar el tahini, rallar fina la piel de la lima y reservarla, y echar el zumo en la batidora. Pelar y añadir el ajo, y triturarlo todo hasta obtener una textura homogénea, diluyendo la consistencia con chorritos del jugo de las alubias si fuera necesario. Sazonar al gusto.

2 Chafar ligeramente los rábanos. Partir el aguacate por la mitad, retirar el hueso, pelarlo y cortarlo en rodajas. Con cuidado, mezclarlo con 1 cucharada de vinagre de vino tinto y ½ cucharada de aceite de oliva virgen extra, y sazonar al gusto. Cortar el tomate en rodajas.

3 Calentar las tortillas, untarlas con el humus, disponer encima todas las verduras, esparcir la ralladura de lima y la dukkah, y desmigar el feta. Terminar con un chorrito de aceite de oliva virgen extra, si se desea, ¡y a comer!

VARIACIONES FÁCILES

Los rábanos pueden sustituirse por zanahorias, calabacines o remolachas mini, ¡o un poco de cada!

¡MÁS TRUCOS!

Huevos duros de reserva en la nevera

Contar con huevos duros en la nevera listos para usar es muy práctico para preparar comidas en un santiamén; ensaladas, sándwiches, ramen, fideos... Los usarás en muchísimas recetas. En casa, si dejo 6 huevos duros en la nevera, al cabo de un día ya habrán desaparecido.

Es divertido variar un poco, por ejemplo marinándolos en una mezcla de agua y salsa de soja a partes iguales, o en el líquido de encurtido sobrante de un tarro de remolachas o col lombarda en conserva. Aporta un sabor delicioso y muy sutil, y su aspecto también es increíble, en función de cuánto tiempo se dejen marinando (solo 30 minutos para un encurtido ligero o hasta 2 días en la nevera). Antes de sumergirlos pueden pelarse o bien dar varios golpes en la cáscara para crear un efecto marmolado. También se pueden marinar en una mezcla de yogur con curri (ver la receta de la pág. 118). Al sacarlos de la marinada se conservarán refrigerados hasta 3 días.

Tortilla esponjosa con verduras de primavera

Las sabrosas tortillas son estupendas para añadir más verduras al día a día. ¡Échale imaginación!

PARA 1 PERSONA
12 MINUTOS

- 2 cebolletas
- 80 g de espinacas tiernas
- 80 g de espárragos
- 2 ramitas de menta
- 2 huevos
- 2 cucharaditas de pasta de harissa
- 2 cucharadas de queso cottage
- 2 rebanadas pequeñas de pan de masa madre con semillas
- ½ limón

1 Poner una sartén antiadherente mediana a fuego alto con una buena pulverización de aceite de oliva. Limpiar las cebolletas, cortarlas en rodajas finas y añadirlas a la sartén, seguidas de las espinacas, removiendo de vez en cuando. Romper y desechar los extremos leñosos de los espárragos, trocear los tallos, dejando las puntas enteras, y añadir a la sartén. Echar también casi todas las hojas de la menta y cocinar durante 3 minutos, o hasta que las verduras empiecen a estar tiernas, removiendo con frecuencia.

2 Mientras, cascar los huevos en un bol grande y batirlos con una pizca de sal marina y pimienta negra hasta obtener una mezcla espumosa y que haya doblado en volumen.

3 Incorporar las verduras a la mezcla de huevo, agregar la mitad de la harissa, pulverizar aceite en la sartén vacía y verter de nuevo la mezcla. Extenderla y cocinarla despacio a fuego muy bajo durante 5 minutos o hasta que esté casi cuajada.

4 Echar a cucharadas el queso cottage y el resto de la harissa por encima. Luego, con una espátula, doblar la tortilla por la mitad. Tostar el pan mientras la tortilla se termina de cocinar y, una vez lista, deslizarla a un plato. Decorar con las hojas de menta reservadas, rallar el ½ limón por encima y servir junto con la tostada.

Gazpacho de zanahoria

Refrescante, sorprendente, vibrante... Esta estupenda sopa fría tienes que probarla

PARA 1 PERSONA
12 MINUTOS

2 zanahorias (160 g)

80 g de pepino

20 g de almendras escaldadas

160 g de cubitos de hielo

1 rebanada de pan integral de masa madre (50 g)

80 g de apio

80 g de tomates cherry maduros de colores variados

80 g de uvas de colores variados

1 ramita de menta o albahaca

20 g de queso feta

1 Pelar las zanahorias y el pepino, picarlos gruesos, ponerlos en un robot de cocina con las almendras, los cubitos de hielo y 2 cucharadas de vinagre de vino tinto. Trocear el pan, añadirlo al vaso del robot y triturar hasta obtener una textura homogénea, diluyendo la consistencia con chorritos de agua para obtener una especie de sopa; quizá haya que hacerlo en varias tandas. Sazonar al gusto con sal marina y pimienta negra.

2 Limpiar y pelar el apio, cortarlo en daditos y pasarlo a un bol de servir. Picar los tomates, cortar las uvas en rodajas y poner ambos en el bol. Deshojar la ramita de menta o albahaca, desmigar el feta y, luego, verter por encima el gazpacho. Muy rico acompañado de otra rebanada de pan para mojar, si se desea.

Ensalada templada de guisantes y feta con huevo

Una sabrosa ensalada facilísima de improvisar con básicos del congelador y la despensa

PARA 2 PERSONAS
12 MINUTOS

160 g de pimientos rojos asados en conserva

1 cucharada de vinagre balsámico

4 ramitas de menta

4 huevos

160 g de guisantes congelados

30 g de queso feta

80 g de espinacas tiernas

1 paquete (de 250 g) de cereales variados precocidos (trigo, cebada, arroz integral y rojo, quinoa)

1 Poner los pimientos en el vaso de la batidora, añadir el vinagre balsámico y casi todas las hojas de la menta (reservando algunas bonitas), y triturar hasta obtener una textura homogénea. Sazonar al gusto y verter casi toda esta salsa en un bol grande.

2 Poner una sartén antiadherente grande a fuego medio-alto. Pulverizar aceite de oliva, cascar los huevos, esparcir los guisantes congelados sobre las claras, desmigar el feta por encima y sazonar con pimienta negra y un poco de sal marina. Añadir un chorrito de agua a la sartén para crear vapor, tapar y cocinar los huevos al gusto.

3 Disponer las espinacas en los platos. Calentar al microondas los cereales según las instrucciones indicadas en el paquete. Luego, incorporar los cereales al bol de la salsa de pimientos y verterlo todo en los platos por encima de las espinacas, haciendo un pequeño hueco en el centro de cada porción.

4 Verter la salsa de pimientos reservada en estos huequitos y colocar los huevos con guisantes y feta encima, esparcir el resto de las hojas de menta, regar con un poco más de vinagre balsámico, si se desea, ¡y a comer!

Arroz con caballa crujiente y huevos a la soja

Un plato caliente y rápido con ingredientes aromáticos siempre da un resultado increíble y delicioso

PARA 2 PERSONAS
12 MINUTOS

- 1 trozo de jengibre de 6 cm
- 1 diente de ajo
- ½-1 guindilla roja fresca
- 2 cebolletas
- 160 g de brócoli bimi
- 1 lata (de 125 g) de caballa al natural
- 160 g de edamame, habas o guisantes congelados
- 1 paquete de 250 g de arroz integral cocido
- 2 cucharadas de salsa de soja baja en sal
- 4 huevos medianos

1 Pelar y picar bien el jengibre y el ajo. Cortar la guindilla en rodajas finas. Limpiar las cebolletas y los tallos del brócoli y cortarlos en rodajas finas, dejando enteras las puntas del brócoli.

2 Poner una sartén antiadherente grande a fuego medio-alto y pulverizar aceite de oliva. Escurrir la caballa, desmigarla y freírla hasta que esté crujiente. Añadir el brócoli y el edamame congelado, el jengibre, el ajo y casi toda la cebolleta y la guindilla. Cocinar durante 2 minutos, removiendo con frecuencia, incorporar el arroz y la soja y cocinar 2 minutos más, o hasta que el arroz se haya calentado bien. Sazonar al gusto y verter el arroz en una fuente, o bien repartir entre dos platos.

3 Sin demora, pasar un papel de cocina por la sartén, volver a ponerla al fuego y pulverizar aceite; luego, batir y verter en ella los huevos, removiendo despacio hasta que parte del huevo esté sedoso y empiece a cuajarse y el resto esté más cremoso. Deslizar el huevo encima del arroz, esparcir por encima la cebolleta y la guindilla reservadas, regar con un poco más de soja, si se desea, y servir.

VARIACIONES FÁCILES

En esta receta he usado caballa en lata, pero se pueden obtener las mismas propiedades de los pescados azules con latas de sardinas, salmón o trucha.

Arrabbiata de garbanzos

Rápida, deliciosa y especiada, una comida de entre semana perfecta que te alegrará el día

PARA 1 PERSONA
13 MINUTOS

1 diente de ajo

1 guindilla roja fresca

200 g de puré de tomate

½ lata (de 400 g) de garbanzos en conserva

125 g de láminas frescas de lasaña

30 g de rúcula

20 g de parmesano

1 Hervir agua. Poner una sartén de 28 cm a fuego medio-alto con ½ cucharada de aceite de oliva. Pelar el ajo y cortarlo en rodajas finas junto con la guindilla (reservando un poco de guindilla para decorar), echar en la sartén y freír hasta que se dore.

2 Verter el puré de tomate, añadir los garbanzos y la mitad del jugo de la lata, y dejar que burbujee durante 2 minutos, removiendo de vez en cuando. Mientras, cortar las láminas de lasaña en tiras de 2 cm de ancho. Picar gruesa casi toda la rúcula, reservando unas pocas hojas.

3 Añadir la rúcula picada y la pasta a la sartén y verter agua hirviendo justo hasta cubrirla (unos 300 ml). Dejar que borbotee durante 4 minutos o hasta que la pasta haya absorbido casi toda el agua y la salsa esté lista, removiendo con frecuencia. Apagar el fuego y sazonar al gusto.

4 Echar por encima la rúcula y la guindilla reservadas, rallar fino el parmesano y terminar con un toque de aceite de oliva virgen extra, si se desea.

Huevos con anchoas y alubias crujientes

Créeme, si se usan con elegancia y moderación, las anchoas son pura genialidad

PARA 2 PERSONAS
14 MINUTOS

1 lata (de 400 g) de alubias blancas

½ cebolla roja (80 g)

1 limón

½ manojo de orégano (10 g)

½ pepino (160 g)

160 g de tomates maduros de colores variados

4 huevos

2 filetes de anchoas en aceite

pimentón ahumado

20 g de queso feta

1 Poner una sartén antiadherente grande a fuego medio-alto, pulverizar con aceite de oliva y añadir las alubias escurridas. Cocinar durante 7 minutos, o hasta que empiecen a tostarse y saltar, dándoles vueltas de vez en cuando mientras se prepara la ensalada.

2 Pelar la cebolla roja, picarla muy fina y ponerla en un bol con 1 cucharada de aceite de oliva virgen extra, rallar la piel del limón sobre el bol, exprimir el zumo y añadir las hojas de orégano troceadas. Con la base de la mano, aplastar el pepino a lo largo, cortarlo en trozos grandes y echarlo también al bol. Picar los tomates, añadirlos, mezclar bien y sazonar al gusto.

3 Hacer cuatro huequitos en las alubias y cascar los huevos en ellos. Bajar el fuego, partir por la mitad a lo largo los filetes de anchoa y poner cada mitad alrededor de las yemas de los huevos. Sazonarlo todo con sal marina, pimienta negra y una pizca de pimentón, tapar la sartén y cocer los huevos al gusto.

4 Repartir la ensalada, los huevos y las alubias entre los platos, desmigar el feta por encima, espolvorear una pizca más de pimentón y servir. El pan acompaña muy bien.

Ensalada aplastada

PARA 1 PERSONA | 14 MINUTOS

80 g de cada de
de pepino, manzana, zanahoria, remolachas mini crudas, pimiento rojo, rábano

½ diente de ajo

1 cucharada de semillas variadas

1 manojo de hierbas aromáticas frescas variadas (30 g), como eneldo, menta, perejil, albahaca, estragón

15 g de queso feta

En un mortero, machacar el diente de ajo pelado con las semillas y una pizca de sal marina; incorporar 1 cucharada de cada de vinagre de vino tinto y aceite de oliva virgen extra, y sazonar al gusto. Limpiar las frutas y verduras, y trocearlas. Luego, o bien machacarlas en el mortero o envolverlas en un paño de cocina limpio y darles unos buenos golpes con un rodillo. Mezclar con el aliño y las hojas de las hierbas aromáticas, y desmigar el feta por encima. Delicioso con un poco de pan integral crujiente.

Ensalada de feta y garbanzos al orégano

Esta buena ensalada se ve realzada por un increíble aliño de tomate lleno de sabor

PARA 2 PERSONAS
16 MINUTOS

150 g de cuscús integral

1 limón

300 g de tomates maduros

1 diente de ajo

½-1 guindilla roja fresca

400 g de garbanzos en conserva

2 cucharaditas de orégano seco

2 zanahorias (160 g)

1 calabacín

40 g de queso feta

1 Hervir agua. Poner el cuscús en un bol, verter agua hirviendo justo hasta cubrirlo, tapar y reservar. Rallar fina la piel del limón en otro bol y agregar el zumo de ½ limón; partir los tomates por la mitad y rallarlos sobre el bol, desechando las pieles. Pelar y rallar fino el ajo en el bol. Añadir 1 cucharada de aceite de oliva virgen extra y sazonar al gusto para elaborar un aliño. Cortar la guindilla en rodajas finas.

2 Escurrir los garbanzos, mezclar con el orégano y sazonar al gusto. Ahuecar el cuscús con un tenedor, pelar las zanahorias, rallarlas encima del cuscús junto con el calabacín (o dejar las zanahorias enteras, para que el plato tenga textura crujiente), mezclar bien y sazonar al gusto. Emplatar el cuscús y los garbanzos, echar por encima a cucharadas el aliño de tomate, desmigar el feta, decorar con las rodajas de guindilla y servir con cuñas de limón.

Tarritos de arroz y huevo al curri

Ideal si se buscan opciones de comidas para llevar, y admite sin problema otras legumbres y cereales

PARA 2 PERSONAS
16 MINUTOS

4 huevos medianos

250 g de espinacas tiernas

½ manojo de cilantro (15 g)

100 g de yogur natural

1 cucharada de chutney de mango

2 cucharaditas de curri en polvo

1 limón

400 g de garbanzos en conserva

1 paquete de 250 g de arroz basmati integral cocido

30 g de mezcla de aperitivo Bombay Mix

1 Cocer los huevos en una cazuela de agua hirviendo con sal durante 6½ minutos para que la yema quede cremosa, o cocerlos al gusto. Poner las espinacas en un colador encima de la cazuela hasta que se ablanden. Retirar, dejar enfriar, estrujarlas para eliminar el máximo de líquido posible y sazonar al gusto. Enfriar los huevos bajo un chorro de agua fría y pelarlos.

2 Picar muy finos los tallos del cilantro, reservando las hojas, y mezclarlos con el yogur, el chutney de mango, el curri y el zumo de medio limón, y sazonar al gusto. Cubrir los huevos con esta mezcla de yogur y ya estarán listos, o bien se pueden dejar marinar en la nevera hasta 3 días.

3 Para preparar los tarritos, escurrir los garbanzos, repartirlos en dos tarros con tapa, exprimir por encima el otro medio limón, regar con un chorrito de aceite de oliva virgen extra y sazonar al gusto. Formar encima una capa de espinacas y otra de arroz.

4 Partir los huevos por la mitad y añadirlos junto con la mezcla de yogur al curri, que servirá de aliño. Trocear el aperitivo Bombay Mix y esparcirlo por encima junto con unas hojas de cilantro antes de devorarlo. Si se va a tomar más tarde, guardar el aperitivo Bombay Mix y el cilantro en un tarrito aparte para que no se pongan blandos.

Pasta con atún y brócoli

Puede parecer muy sencilla, pero esta receta ofrece capa tras capa de deliciosos sabores

PARA 1 PERSONA
18 MINUTOS

125 g de láminas frescas de lasaña

1 diente de ajo

½ guindilla roja fresca

2 ramitas de romero

80 g de brócoli esparragado púrpura

80 g de tomates cherry maduros

½ limón

40 g de atún en aceite

1 cucharada rasa de alcaparras pequeñas en salmuera

1 cucharada rasa de tapenade de aceitunas negras

1 Poner agua a hervir. Cortar las láminas de lasaña en trozos irregulares de unos 5 cm para hacer *stracci* (tiras). Pelar el ajo y cortarlo en láminas finas junto con la guindilla. Deshojar el romero y picar bien las hojas. Limpiar el brócoli y cortar los tallos en rodajas finas, dejando las puntas enteras. Partir los tomates por la mitad. Rallar fina la piel del limón.

2 Poner una sartén de 28 cm a fuego alto. Echar un chorrito de aceite del tarro del atún (o usar aceite de oliva) y a continuación el ajo, la guindilla, el romero, el brócoli y las alcaparras, luego los tomates y la ralladura de limón, y por último desmigar el atún.

3 Añadir la pasta a la sartén y verter agua hirviendo justo hasta cubrirla (unos 300 ml). Dejar que borbotee durante 4 minutos o hasta que la pasta haya absorbido casi toda el agua y la salsa esté lista, removiendo con frecuencia. Diluir la consistencia con un poco más de agua, si fuera necesario.

4 Apagar el fuego, chafar los tomates con el dorso de la cuchara, exprimir por encima el zumo del limón, sazonar al gusto y echar por encima bombas de tapenade. Terminar con un toque de aceite de oliva virgen extra, si se desea.

Tortilla de alubias negras y aguacate

Un aguacate combinado con especias, alubias negras y tomates caramelizados te alegrará el día

PARA 2 PERSONAS
18 MINUTOS

2 tortillas integrales

1 aguacate pequeño maduro (160 g)

4 cebolletas

160 g de tomates maduros

400 g de alubias negras en conserva

4 huevos

1 cucharadita de pimentón ahumado

50 g de queso cottage

1 cucharada de rodajas de jalapeños en conserva

4 ramitas de cilantro

1 Precalentar el horno a 180 °C. Poner una sartén antiadherente refractaria grande a fuego alto, tostar brevemente las tortillas mientras la sartén se calienta y reservarlas. Partir el aguacate por la mitad, desechar el hueso, pelarlo y cortarlo en cuartos. Limpiar las cebolletas. Partir los tomates por la mitad.

2 Escurrir las alubias, echarlas en la sartén caliente para que se tuesten y empiecen a chisporrotear, retirar y reservar. Pulverizar aceite de oliva en la sartén, añadir el aguacate, las cebolletas y los tomates, con el corte hacia abajo, y sazonar con sal marina y pimienta negra. Cocinar durante 5 minutos, o hasta que empiecen a tostarse, dándoles la vuelta de vez en cuando.

3 Cascar los huevos en un bol, añadir el pimentón y una pizca de sal, y batir bien. Devolver la mitad de las alubias asadas a la sartén, verter los huevos por encima de las verduras y esparcir el resto de las alubias. Echar el queso cottage en trocitos por encima, esparcir casi todos los jalapeños y meter la sartén en el horno durante 5 minutos, o hasta que los huevos estén cocidos al gusto.

4 Picar finos el resto de los jalapeños, deshojar el cilantro y echar ambos por encima. Servir con las tortillas integrales. Tremendo.

Tortitas de zanahoria y boniato

Un homenaje a los colores: el naranja de las tortitas se combina con un humus verde de espinacas

PARA 2 PERSONAS
20 MINUTOS

- 1 boniato pequeño (160 g)
- 2 zanahorias (160 g)
- 400 g de garbanzos en conserva
- 100 g de harina con levadura
- 2 cucharaditas de ras el hanout, y un poco más para servir
- 3 huevos grandes
- 160 g de espinacas tiernas
- 1 cucharada de tahini
- 1 limón
- 20 g de queso feta

1 Lavar y rallar gruesos el boniato y las zanahorias, y amasarlos con una pizca de sal marina. Escurrir los garbanzos, echar la mitad en un bol grande y chafarlos un poco. Estrujar las verduras ralladas para eliminar el máximo de líquido posible y echarlas en el bol con la harina, el ras el hanout, 1 huevo y una pizca de pimienta negra. Amasarlo y mezclarlo todo bien, dividirlo en 6 porciones iguales y formar una especie de albóndigas.

2 Poner una sartén antiadherente grande a fuego medio, pulverizar aceite de oliva, añadir las albóndigas y aplastarlas con una espátula hasta formar tortitas de 1½ cm de grosor aproximadamente. Cocinarlas durante 7 minutos por cada lado, o hasta que estén doradas y bien cocidas, y luego apilarlas a un lado de la sartén. Pulverizar aceite en el espacio que queda libre, cascar los 2 últimos huevos y freírlos al gusto.

3 Verter el resto de los garbanzos en un robot de cocina con las espinacas, el tahini y un cubito de hielo, si se quiere. Exprimir el zumo de medio limón, triturar hasta obtener una textura homogénea, sazonar al gusto y extenderlo con una cuchara en los platos.

4 Disponer las tortitas y los huevos fritos a un lado, añadir una pizca más de ras el hanout, desmigar por encima el feta y servir con cuñas de limón.

Hamburguesas de caballa crujiente

Un bocado excepcional para sacar el máximo partido de una caballa, sardina o trucha fresquísima

PARA 2 PERSONAS
20 MINUTOS

1 zanahoria grande (160 g)

1 manzana (160 g)

1 cebolleta

½ manojo de perejil (15 g)

1 pepinillo

1 limón

3 cucharadas colmadas de yogur griego

2 cucharaditas colmadas de rábano picante rallado en conserva

2 filetes (de 90 g cada uno) de caballa, sin espinas

2 panecillos integrales con semillas

1 Para preparar el aderezo, pelar la zanahoria y rallarla gruesa junto con la manzana. Limpiar la cebolleta y cortarla en rodajitas. Picar muy fino el perejil, tallos incluidos, y el pepinillo, rallar fina la piel de medio limón y mezclarlo todo con el yogur, el rábano picante y el zumo de ½ limón, y sazonar al gusto.

2 Sazonar los filetes de caballa con un poco de sal marina y pimienta negra, y hacerlos o bien a la barbacoa o en una sartén antiadherente en frío, que luego pondremos a fuego medio-alto. Cocinarlos 4 minutos con la piel hacia abajo, darles la vuelta y cocinarlos solo 1 minuto por el lado sin piel, o hasta que estén en su punto y la piel esté crujiente.

3 Partir en dos los panecillos, tostarlos y extender en ellos el aderezo. Trocear los filetes crujientes de caballa encima, exprimir un poco de zumo de limón por encima, tapar con el otro pan ¡y listos! Si ha sobrado aderezo de zanahoria y manzana, servirlo como guarnición.

Cenas

Smash burger en pan plano

La famosa smash burger con una vuelta de tuerca: trozos crujientes y dorados con otros tiernos y jugosos

PARA 1 PERSONA
8 MINUTOS

1 ramita de albahaca

100 g de carne picada de cerdo o de ternera

80 g de alubias blancas, tipo cannellini, en conserva

5 g de parmesano

1 pan plano pequeño (80 g)

80 g de tomates cherry maduros de colores variados

1 cucharada de pesto

1 Poner una sartén antiadherente a fuego alto. Rápidamente, separar del tallo las hojas de la albahaca y reservarlas, picar fino el tallo y amasarlo con la carne picada, las alubias escurridas, un poco del parmesano rallado y una pizca de sal marina y pimienta negra, aplastando las alubias mientras se amasa. Luego, formar una especie de albóndiga.

2 Pulverizar aceite de oliva en la sartén, añadir la albóndiga, colocar el pan plano encima y aplastar con él la carne para formar una hamburguesa. Cocinarla durante 4 o 5 minutos, o hasta que esté bien dorada y cocida. Mientras, partir en cuartos los tomates, y sazonarlos con sal y unas gotitas de vinagre de vino tinto.

3 Darle la vuelta a la hamburguesa junto con el pan sobre el plato, echar la cucharada de pesto por encima, repartir los tomates aliñados y las hojas de albahaca reservadas, rallar el último trocito de parmesano y cerrar el pan antes de devorarlo.

Y SI PREFIERES VEGETARIANO...

Solo hay que cambiar la carne picada por 180 g de alubias escurridas.

Salteado superverde

PARA 1 PERSONA | 10 MINUTOS

80 g de cada de
espárragos, mazorcas de maíz mini, tirabeques, guisantes, setas variadas, brócoli bimi, brotes de soja

10 g de anacardos sin sal

1 diente de ajo

1 trozo de jengibre de 3 cm

½-1 guindilla roja fresca

2 naranjas

1 cucharadita de salsa de soja baja en sal

Limpiar y preparar las verduras que lo necesiten, y partir por la mitad el maíz, las setas más grandes y los tallos de brócoli más gruesos. Tostar los anacardos en una sartén antiadherente grande a fuego alto durante 1 minuto y reservar. Freír en seco todas las verduras durante 4 minutos, removiendo con frecuencia; mientras, pelar el ajo y el jengibre, y rallarlos finos en un bol junto con la guindilla y la piel de 1 naranja. Exprimir en el bol las dos naranjas, añadir la soja, mezclar bien y verterlo en la sartén. Remover hasta que se reduzca y se glasee, y sazonar al gusto. Picar finos los anacardos, esparcirlos por encima y servir. Está muy rico tal cual, o acompañado de arroz integral o fideos, si te gustan.

Curri fácil de langostinos

Los langostinos se cuecen en un momento, por lo que son perfectos para este aromático curri rápido

PARA 2 PERSONAS
10 MINUTOS

1 cebolla (160 g)

250 g de tomates cherry maduros

50 g de crema de coco

1 lata (de 400 g) de garbanzos en conserva

1 manojo de cilantro (30 g)

2 cucharadas de la pasta de curri que se prefiera

250 g de mango congelado

165 g de langostinos pelados crudos

1 paquete de 250 g de arroz basmati integral cocido

30 g de mezcla de aperitivo Bombay Mix

1 Poner una sartén antiadherente grande a fuego alto. Pelar la cebolla, cortarla en juliana muy fina y ponerla en la sartén a freír en seco con los tomates durante 4 minutos, removiendo con frecuencia. Mientras, poner la crema de coco en el vaso de la batidora con la mitad de los garbanzos y todo el líquido de la conserva, la mitad de las hojas de cilantro y todos los tallos, y un chorrito de agua. Echar también la mitad de la cebolla y los tomates de la sartén y triturar hasta obtener una salsa uniforme.

2 Incorporar a la sartén la pasta de curri y ½ cucharada de aceite de oliva, y un minuto después el mango congelado y el resto de los garbanzos, y a continuación la salsa de la batidora. Remover a fuego medio durante 2 minutos, agregar los langostinos y dejar que cueza despacio hasta que los langostinos estén en su punto, diluyendo la consistencia con chorritos de agua si fuera necesario. Sazonar al gusto.

3 Cocer el arroz siguiendo las instrucciones del paquete y repartirlo entre los platos. Trocear casi todas las hojas restantes de cilantro e incorporarlas al curri, servirlo sobre el arroz y echar por encima el resto de las hojas de cilantro. Para añadir una textura crujiente, desmenuzar el aperitivo Bombay Mix por encima como toque final.

Pollo cremoso con cacahuetes

Un pollo con pimientos se alía con una cremosa salsa para cenar rico en un momento

PARA 2 PERSONAS
10 MINUTOS

- 2 pimientos de colores variados (320 g)
- 2 pechugas de pollo sin piel (de 150 g cada una)
- 2 dientes de ajo
- 1 trozo de jengibre de 6 cm
- 2 limas
- 1 cucharada de salsa de soja baja en sal
- 2 cucharadas colmadas de crema de cacahuete
- ½ manojo de cilantro (15 g)
- 160 g de tirabeques
- 60 g de mango deshidratado

1 Poner una sartén antiadherente grande a fuego alto. Cortar los pimientos en tiras de 1 cm de ancho, desechando las semillas. Freír en seco durante 2 minutos, removiendo con frecuencia.

2 Cortar las pechugas a lo largo en tiras de 1 cm, sazonar con sal marina y una pizca generosa de pimienta negra, añadirlas a la sartén, pulverizarlo todo con aceite de oliva y cocinarlo durante 4 minutos, o hasta que se dore, removiendo con frecuencia.

3 Mientras, pelar el ajo y el jengibre y ponerlos en el vaso de una batidora con el zumo de 1 lima, la soja, la crema de cacahuete, los tallos del cilantro (reservando las hojas) y 250 ml de agua. Triturar hasta obtener una textura homogénea y sazonar al gusto.

4 Echar en la sartén los tirabeques y el mango deshidratado, seguidos de la salsa. Dejar que burbujee alegremente durante 2 minutos y emplatar. Esparcir por encima las hojas de cilantro y servir con cuñas de lima. Se puede acompañar con arroz o fideos.

Langostinos agridulces

Una salsa sencillísima que adereza a la perfección los demás ingredientes. Esto sí que es comida rápida

PARA 2 PERSONAS
10 MINUTOS

320 g de verduras crujientes variadas para saltear, como mazorcas de maíz mini, tirabeques o guisantes en su vaina

1 lata (de 227 g) de rodajas de piña en su jugo

300 g de fideos udon listos para wok

160 g de col blanca

1 lima

1 cucharadita de harina de maíz

1 cucharada de salsa de soja baja en sal, y un poco más para servir

1 cucharada de salsa de guindilla dulce

165 g de langostinos pelados crudos

½ manojo de albahaca (15 g)

1 Poner agua a hervir. En una sartén antiadherente grande a fuego alto, poner las verduras crujientes en seco. Sacar las rodajas de piña de la lata, reservando el jugo, partirlas en cuartos y echarlos en la sartén, removiendo con frecuencia.

2 En un bol grande, poner los fideos y echar agua hirviendo hasta cubrirlos. Luego, cortar muy fina la col con un cuchillo o un pelador y añadirla al bol.

3 Rallar fina la piel de la lima en la lata con el jugo reservado de la piña, incorporar la harina de maíz, la salsa de soja y la salsa de guindilla dulce, terminar de llenar la lata con agua y verterla en la sartén. Añadir los langostinos y cocinarlos durante 4 minutos, o hasta que estén hechos y la salsa haya espesado y reducido.

4 Escurrir los fideos y la col y repartirlos entre los boles. Trocear las hojas de albahaca en la sartén, exprimir las limas y servir. Mezclar cada ración en los boles y comer, regándolo con un chorrito más de soja, si se desea.

Curri de pescado al estilo tailandés

Un buen ejemplo de lo deprisa que puedes crear un sabroso y humeante bol de delicias

PARA 4 PERSONAS
10 MINUTOS

- 4 filetes largos de pescado blanco congelado (400 g en total)
- 320 g de edamame congelado
- 320 g de tirabeques
- ½ manojo de cilantro (15 g)
- 1 tarro (de 120 g) de jengibre encurtido
- 1 cucharada colmada de pasta de curri verde tailandesa
- 400 g de leche de coco ligera
- 4 nidos de fideos de arroz finos instantáneos (180 g en total)
- 1 guindilla roja fresca
- 1 lima

1 Poner agua a hervir. En una sartén antiadherente grande a fuego alto, poner el pescado congelado, el edamame congelado y los tirabeques.

2 Trocear el cilantro, tallos incluidos, en el vaso de una batidora, reservando algunas hojas para decorar. Agregar el jengibre encurtido, incluido el líquido de la conserva, la pasta de curri y la leche de coco. Triturar hasta que quede homogéneo, verter en la sartén, tapar y cocer a fuego lento durante 7 minutos, o hasta que el pescado esté cocido.

3 En un bol, cubrir los fideos con el agua hirviendo y dejarlos reposar para que se rehidraten. Luego, escurrirlos y repartirlos en boles calientes. Cortar la guindilla en rodajas finas.

4 Sazonar el curri al gusto, servirlo en los boles y esparcir por encima la guindilla y las hojas de cilantro reservadas. Servir con unas cuñas de lima.

Megamix de verduras verdes

PARA 1 PERSONA | 11 MINUTOS

80 g de cada de
coles de Bruselas, edamame congelado, pak choi, col puntiaguda, espárragos, brócoli, tirabeques

2 dientes de ajo

1 cucharada de salsa hoisin

1 cucharadita de mostaza inglesa

½-1 limón

Ablandar los dientes de ajo pelados durante 2 minutos en una cazuela grande con agua salada hirviendo, y luego sacarlos a un mortero. Limpiar las verduras, según sea necesario, y luego partir por la mitad las coles de Bruselas, y cortar la col en cuñas y el brócoli en ramitos. Escaldar las verduras durante 3 minutos para que mantengan su intenso color. Machacar el ajo hasta obtener una pasta, mezclarlo con la salsa hoisin y la mostaza, exprimir el zumo de limón que se desee y sazonar al gusto. Escurrir bien las verduras, aliñarlas con la salsa del mortero y servirlas. Está muy rico tal cual o con una guarnición de fideos o cereales variados.

Fideos con setas y tahini

Caliente, frío, crujiente, tierno, fresco, reconfortante... ¡Un bol de alegres contrastes!

PARA 2 PERSONAS
11 MINUTOS

- 200 g de setas variadas
- 2 cucharadas de tahini
- 2 cucharadas de salsa de soja baja en sal
- 2 cucharadas de mirin
- 2 dientes de ajo
- 2 limas
- 160 g de rábanos
- 2 cogollos de lechuga o lechugas trocadero
- 300 g de fideos udon listos para wok
- 160 g de edamame congelado o fresco

1 Poner agua a hervir. En una sartén antiadherente grande a fuego alto, poner las setas en seco, troceando las que sean más grandes. Remover de vez en cuando hasta que empiecen a tostarse. Mientras, en un bol, mezclar el tahini con la soja y 1½ cucharadas de mirin, pelar el ajo y rallarlo en el bol con la piel de 1 lima. Añadir 100 ml de agua hirviendo y mezclar bien.

2 Cortar los rábanos en láminas finas y mezclarlos con unas pocas de las hojas frescas más pequeñas de los rábanos, el zumo de 1 lima y una pizquita de sal marina. Deshojar la lechuga, mezclarla con el mirin restante y el zumo de media lima y disponer las hojas en dos boles de servir.

3 Echar los fideos y el edamame a la sartén de las setas, remover durante 1 minuto y verter la mezcla de tahini. Dejar que burbujee y que reduzca durante 1 minuto más, sazonar al gusto y repartir entre los boles. Esparcir por encima los rábanos aliñados y servir con cuñas de lima.

Ensalada mexicana asada

PARA 1 PERSONA | 12 MINUTOS

80 g de cada de
pimientos rojos asados en conserva, col puntiaguda, tomate maduro, cebolletas, aguacate maduro, pepino, alubias negras en conserva, maíz dulce en conserva

1 cucharada de rodajas de jalapeños en conserva

½ manojo de cilantro (15 g)

1 lima

15 g de queso feta

Limpiar las cebolletas y la col y freírlas en seco en una sartén antiadherente grande a fuego alto con el tomate y el pepino hasta que empiecen a tostarse. Escurrir las alubias y el maíz y añadirlos hasta que empiecen a saltar. Luego, echarlo en una tabla de cortar grande junto con los pimientos y trocearlo todo. En un robot de cocina pequeño, triturar el aguacate pelado y sin hueso con los jalapeños y 1 cucharada del líquido de conserva, un chorrito de agua, casi todo el cilantro (tallos incluidos) y el zumo de la lima, sazonar al gusto y verterlo en el plato. Disponer las verduras asadas encima, desmigar el feta y esparcir las hojas reservadas de cilantro. Está delicioso tal cual o con una guarnición del arroz que se prefiera.

Cuscús sabroso con salmón

Esta receta se centra en ingredientes saludables combinados de una manera deliciosa

PARA 1 PERSONA
12 MINUTOS

1 filete de salmón (de 130 g), con piel, sin escamas y sin espinas

½ calabacín pequeño (80 g)

80 g de habas congeladas

75 g de cuscús integral

½ limón

80 g de tomates cherry maduros de colores variados

1 guindilla roja fresca

2 cebolletas

2 ramitas de albahaca

2 cucharadas colmadas de yogur natural

1 Poner una sartén antiadherente sin aceite a fuego medio-alto. Asar el salmón durante 1½ minutos por cada una de sus cuatro caras (empezando por las que no tienen piel), o hasta que esté cocido. Luego, retirar la piel y tostarla por el lado que estaba adherido para que quede crujiente. Reservar la piel y el filete en cuanto estén listos. Cortar el calabacín por la mitad y luego en rodajas finas, echarlas a la sartén con los jugos que ha soltado el salmón junto con las habas y cocinarlo durante 2 minutos, removiendo con frecuencia.

2 Mientras, poner agua a hervir. Poner el cuscús en un bol, rallar fina la piel del limón por encima, sazonar con sal marina y pimienta negra, verter agua hirviendo justo hasta cubrirlo, tapar el bol con el plato donde se vaya a servir y reservar.

3 Exprimir el limón en otro bol. Partir los tomates en cuartos y echarlos al bol junto con la guindilla cortada en rodajas finas. Limpiar las cebolletas y cortarlas en rodajas finas, echando la parte blanca en el bol de los tomates y la parte verde en un mortero. Añadir al mortero casi todas las hojas de la albahaca con una pizca de sal, machacarlo hasta obtener una pasta e incorporar el yogur.

4 Ahuecar el cuscús con un tenedor y extenderlo en el plato de servir. Luego, disponer por encima los calabacines, las habas y los tomates aliñados. Desmigar por encima el salmón y la piel crujiente, echar cucharadas de yogur y rematar con las hojas de albahaca restantes. Terminar con unas gotitas de aceite de oliva virgen extra, si se desea.

Caldo con cerdo crujiente y fideos

Hacerse un ovillo en el sofá con un buen bol de caldo picante con fideos es todo un placer

PARA 1 PERSONA
12 MINUTOS

100 g de carne de cerdo picada

80 g de setas variadas

1 nido de fideos de arroz finos instantáneos (45 g)

2 cebolletas

80 g de pepino

80 g de edamame congelado

1 cucharadita colmada de pasta de miso blanco

2 cucharaditas de tahini

1 cucharadita de aceite de guindilla con sésamo y trozos de cacahuete, y un poco más para servir

1 diente de ajo

1 Poner agua a hervir. En una sartén antiadherente a fuego alto, poner la carne picada, las setas (troceando las que sean más grandes) y una pizca generosa de pimienta negra. Cocinar hasta que la carne empiece a dorarse, removiendo con frecuencia.

2 Mientras, poner los fideos en un bol de servir, echar agua hirviendo justo hasta cubrirlos y dejar que se rehidraten durante unos minutos; mientras, limpiar y picar las cebolletas en rodajas y el pepino en palitos.

3 Incorporar el edamame congelado a la sartén y cocinar 2 minutos más, o hasta que todo esté bien caliente y la carne tenga un tono dorado oscuro. Escurrir los fideos. Poner el miso, el tahini y el aceite de guindilla en el bol, pelar y rallar fino el ajo, cubrir con 150 ml de agua hirviendo y batir con unas varillas para disolverlo todo.

4 Echar los fideos escurridos en el bol de caldo, añadir el contenido de la sartén, disponer encima el pepino y la cebolleta, mezclar ¡y a disfrutar!

Alubias negras con tofu sedoso

Unas alubias en conserva se combinan con salsa para crear una increíble complejidad de sabores

PARA 2 PERSONAS
13 MINUTOS

- 1 cebolla roja (160 g)
- 1 trozo de jengibre de 6 cm
- 2 dientes de ajo
- 1 guindilla roja fresca
- ½ manojo de cilantro (15 g)
- 2 cucharadas de salsa de alubias negras
- 400 g de alubias negras en conserva
- 300 g de tofu sedoso
- 160 g de pak choi
- 30 g de cacahuetes tostados sin sal

1 Pelar la cebolla roja, el jengibre y el ajo, picarlo todo bien y ponerlo en una sartén grande a fuego alto con 1 cucharada de aceite de oliva. Picar fina la guindilla, añadir la mitad a la sartén y cocinarlo todo durante 5 minutos, removiendo con frecuencia.

2 Mientras, picar finos los tallos del cilantro y reservar las hojas. Incorporar los tallos a la sartén junto con la salsa de alubias negras y un chorrito de vinagre de vino tinto. Dejar que hierva despacio y, cuando se haya reducido, verter las alubias (incluido el líquido de la conserva), chafando algunas con un tenedor para obtener una textura más cremosa. Sazonar al gusto.

3 Cortar el tofu en 8 trozos iguales y colocarlos en abanico encima de las alubias. Partir el pak choi en cuartos y disponerlos alrededor del tofu. Tapar y cocinar durante 5 minutos, hasta que el pak choi esté tierno.

4 Esparcir por encima las hojas de cilantro y la guindilla reservadas, trocear los cacahuetes y echarlos también por encima, y servir. Queda muy bien acompañado de arroz integral.

Fajitas de pollo

Unas rápidas fajitas en las que nuestra amiga la plancha hace casi todo el trabajo duro

PARA 2 PERSONAS
13 MINUTOS

1 pimiento rojo (160 g)

1 cebolla roja (160 g)

2 pechugas de pollo sin piel (de 150 g cada una)

160 g de tomates cherry maduros

1 cucharadita de especias cajún

1 cucharadita de miel líquida

1 cucharadita de mostaza de textura granulada

2 tortillas integrales grandes o 4 pequeñas

4 cucharadas de yogur natural

½ manojo de cilantro (15 g)

1 Hervir agua. Poner una plancha a fuego alto. Quitar las semillas de los pimientos, pelar la cebolla y cortar ambos en juliana fina. Cortar las pechugas a lo largo en tiras de 1 cm de grosor. En un bol, mezclarlo todo con los tomates, 1 cucharada de cada de vinagre de vino tinto y aceite de oliva, las especias cajún y una pizca de pimienta negra.

2 Echar todo el contenido del bol en la plancha y cocinarlo durante 6 minutos o hasta que esté caramelizado y bien cocido, dándole vueltas de vez en cuando.

3 Mientras, en una taza, mezclar la miel, la mostaza y 2 cucharadas de agua hirviendo. Calentar brevemente las tortillas, bien en la plancha o directamente sobre la llama del fogón, y disponerlas en los platos.

4 Verter la mezcla de miel en la plancha, mezclarla bien con el pollo y las verduras, dejar que chisporrotee y se reduzca durante unos segundos hasta obtener una consistencia más espesa y repartir entre las tortillas. Echar el yogur por encima con una cuchara y adornar con las hojas de cilantro.

Bol de kimchi con atún a la plancha

Un colorido bol de delicias que se complementan de maravilla

PARA 2 PERSONAS
13 MINUTOS

3 cucharadas colmadas de yogur natural

3 cucharadas colmadas de kimchi (70 g)

1 paquete de 250 g de arroz integral cocido

2 zanahorias (160 g)

160 g de habas o guisantes congelados

2 filetes de atún muy frescos (de 150 g cada uno), a poder ser de 1½ cm de grosor

2 cucharadas de semillas de sésamo

½ pepino (160 g)

1 limón

1 cucharada de salsa de soja baja en sal

1 En un robot de cocina pequeño, triturar el yogur con el kimchi hasta que quede homogéneo.

2 Poner una sartén antiadherente grande a fuego medio-alto, pulverizar aceite de oliva y echar el arroz. Lavar las zanahorias, rallarlas gruesas e incorporarlas a la sartén junto con las habas y un chorrito de agua. Calentarlo todo durante 2 minutos y sazonar al gusto. Repartir entre los boles de servir; a mí me gusta pulverizar aceite en un bol pequeño, poner la mitad del arroz, compactarlo un poco y volcarlo sobre el plato (y repetir para el otro plato).

3 Pasar un papel de cocina por la sartén para limpiarla, pulverizar aceite en los filetes de atún, sazonar con una pizquita de sal marina y pimienta negra, sellarlos en la sartén caliente durante 1 minuto por cada lado, de manera que aún estén algo rojos en el centro —hazme caso— y retirar.

4 Limpiar de nuevo la sartén y tostar las semillas de sésamo hasta que se doren, removiendo con frecuencia. Mientras, con la base de la mano, aplastar el pepino a lo largo y trocearlo. Aliñarlo con la soja y el zumo y la ralladura del limón.

5 Añadir a los boles el yogur con kimchi y el pepino aliñado, filetear el atún, disponerlo encima, esparcir las semillas de sésamo tostadas, mezclar y servir.

Pollo con tahini al limón y cereales

Una idea para utilizar un práctico paquete de cereales y obtener rápido el máximo sabor

PARA 2 PERSONAS
13 MINUTOS

- 160 g de brócoli bimi
- 2 pechugas de pollo sin piel (de 150 g cada una)
- 460 g de pimientos rojos asados en conserva
- 2 dientes de ajo
- ½ manojo de albahaca (15 g)
- 30 g de aceitunas negras con hueso
- 1 limón
- 2 cucharadas de tahini
- 1 paquete (de 250 g) de cereales variados precocidos (trigo, cebada, arroz integral y rojo, quinoa)
- 400 g de alubias blancas, tipo cannellini, en conserva

1 Poner una cacerola antiadherente grande y poco profunda a fuego alto. Limpiar el brócoli, partiendo por la mitad a lo largo los tallos más gruesos, y echarlo a la cazuela en seco. Mientras, hacer unos cortes profundos en las pechugas de pollo en sentido transversal a intervalos de 1 cm. Pulverizarlas con aceite de oliva, frotar con sal marina y pimienta negra, y cocinar 3 minutos por cada lado o hasta que el pollo esté dorado y bien cocido y el brócoli empiece a tostarse.

2 Mientras, verter los pimientos en el vaso de una batidora (incluido el líquido de la conserva) junto con el ajo pelado. Agregar la albahaca (tallos incluidos, reservando algunas hojas bonitas) y triturar hasta que quede homogéneo. Aplastar, deshuesar y picar finas las aceitunas. Rallar fina la piel del limón y reservarla. Exprimir el zumo en un bol junto con el tahini (lo espesará), corregir la consistencia con unos chorritos de agua y sazonar al gusto.

3 Pasar el pollo a una tabla de cortar junto con el brócoli y dejarlo reposar. Verter la salsa de pimientos en la cacerola junto con los cereales. Escurrir las alubias, añadirlas, mezclar bien, dejar que hierva un par de minutos, o hasta que reduzca, sazonar al gusto y repartir entre los platos. Disponer encima el brócoli, terminar de filetear las pechugas y añadirlas, echar por encima la salsa de tahini al limón, y terminar con las aceitunas, la ralladura de limón y las hojas de albahaca reservadas.

Pollo dorado con arroz y pimientos

Este tipo de recetas me encantan para tomar entre semana: rápidas, divertidas y llenas de sabor

PARA 2 PERSONAS
14 MINUTOS

160 g de kale

½ brócoli (160 g)

1 pimiento rojo (160 g)

2 pechugas de pollo sin piel (de 150 g cada una)

1 paquete de 250 g de arroz integral cocido

1 cucharada de pasta de harissa, y un poco más para servir

1 limón

30 g de queso feta

2 cucharadas colmadas de humus

1 Poner una sartén antiadherente a fuego alto y trocear en ella el kale, desechando los tallos más duros, para que vaya ablandándose y tostándose a medida que se calienta la sartén. Mientras, cortar el brócoli en ramitos pequeños. Cortar el pimiento en tiras de 1 cm de ancho, desechando las semillas. Cortar las pechugas a lo largo en tiras de 1 cm de grosor.

2 Cuando el kale se haya ablandado, verter el arroz en la sartén, añadir la harissa, exprimir medio limón y removerlo todo durante 2 minutos hasta que el arroz se haya calentado bien. Sazonar al gusto y repartir entre los platos.

3 Poner 1 cucharada de aceite de oliva en la sartén caliente y echar el pollo, los pimientos y el brócoli. Sazonar con sal marina y pimienta negra y cocinarlo 5 minutos, o hasta que todo esté dorado oscuro y bien cocido, removiendo con frecuencia.

4 Repartir entre los dos platos el pollo, los pimientos y el brócoli, con el feta desmigado por encima. Terminar con unas cucharadas de humus y un último toque de harissa. Servir con cuñas de limón.

Ternera crujiente con alubias negras

Rápido, fácil y lleno de sabor, este salteado cumple con creces en todos los aspectos

PARA 1 PERSONA
15 MINUTOS

- 100 g de carne de ternera picada
- 80 g de setas shiitake
- 1 trozo de jengibre de 2 cm
- 2 ramitas de cilantro o de menta
- ½-1 guindilla roja fresca
- 150 g de fideos udon listos para wok
- 80 g de tirabeques
- 80 g de edamame congelado o fresco
- 80 g de castañas de agua en rodajas
- 2 cucharadas de salsa de alubias negras

1 Poner una sartén grande a fuego alto, pulverizar aceite de oliva y añadir la carne, deshaciéndola con una cuchara, seguida de las setas, partiendo por la mitad las más grandes. Pelar el jengibre, picarlo fino y añadirlo a la sartén junto con los tallos del cilantro si se usa. Freír durante 5 minutos o hasta que la ternera esté crujiente, removiendo con frecuencia.

2 Cortar la guindilla en rodajas finas y añadirla junto con los fideos troceados y los tirabeques, el edamame y las castañas de agua, así como un chorrito de su jugo, sin dejar de remover.

3 En un bol, diluir la consistencia de la salsa de alubias negras con 1 cucharada de vinagre de vino tinto y 4 cucharadas de agua, verterlo en la sartén hasta que todo esté bien impregnado y servir enseguida, con las hojas del cilantro por encima.

VARIACIONES FÁCILES

Puedes usar las setas que prefieras o tus verduras verdes crujientes favoritas.

Bocados de lechuga con ensalada de pollo

Las hojas de lechuga sirven de cucharas para todo un abanico de ingredientes

PARA 2 PERSONAS
16 MINUTOS

- 2 cogollos de lechuga
- ½ manojo de estragón (10 g)
- 1 nido de fideos de arroz finos instantáneos (45 g)
- 2 pechugas de pollo sin piel (de 150 g cada una)
- 1 cebolla roja (160 g)
- 1 trozo de jengibre de 4 cm
- 2 dientes de ajo
- 160 g de mango congelado
- 2 cucharadas de salsa de guindilla dulce, y un poco más para servir
- 2 limas

1 Poner agua a hervir. Separar las hojas exteriores de la lechuga y disponerlas en una fuente a modo de cálices. Picar bien el resto de la lechuga, ponerla en un bol grande y deshojar en él el estragón. En otro bol, cubrir los fideos con agua hirviendo, dejar que se rehidraten unos minutos y escurrirlos.

2 Poner una sartén antiadherente grande a fuego medio-alto y pulverizar con aceite de oliva. Cortar las pechugas en dados de 2 cm y echar en la sartén. Pelar la cebolla roja, cortarla en ocho cuñas y separarlas en pétalos, pelar el ajo y el jengibre y cortarlos en bastoncitos, añadirlo todo a la sartén junto con el mango congelado y cocinarlo 5 minutos, o hasta que el pollo esté dorado y bien hecho, removiendo de vez en cuando.

3 Diluir la consistencia de la salsa de guindilla dulce con el zumo de 1 lima, verterlo en la sartén y remover durante 1 minuto. Mientras, repartir la lechuga picada y los fideos entre los cálices de lechuga. Sazonar el pollo al gusto y repartirlo en porciones junto con las verduras. Servir con unas cuñas de lima.

Ensalada de solomillo y berenjena melosa

Rápida, divertida y llena de sabor, esta receta reconfortante es una de mis favoritas

PARA 2 PERSONAS
18 MINUTOS

- 1 berenjena (de 250 g)
- 2 nidos de fideos de arroz finos instantáneos (90 g en total)
- 1 solomillo de ternera (de 200 g)
- 1 trozo de jengibre de 8 cm
- 160 g de espárragos
- 2 dientes de ajo
- 1 lima
- 1 cucharada de salsa gochujang
- ½ pepino (160 g)
- ½ manojo de cilantro (15 g)

1 Poner agua a hervir. Partir en cuartos la berenjena a lo largo y cocerla en el microondas durante 6 minutos a 800 W, o hasta que esté tierna. En un bol, poner los fideos y echar agua hirviendo justo hasta cubrirlos, dejar que se rehidraten durante unos minutos, escurrirlos y disponerlos en un plato bonito.

2 Poner una sartén antiadherente grande a fuego medio-alto. Retirar la grasa del solomillo, cortarla en trocitos y ponerla a derretir en la sartén. Pelar el jengibre, picarlo fino y añadirlo a la sartén, freírlo durante 2 minutos, removiendo con frecuencia, y pasar los trocitos crujientes a un bol, dejando la grasa derretida en la sartén. Desechar los nervios del solomillo, sazonarlo, sellarlo durante 90 segundos por cada cara de manera que aún quede rosado en el centro, sacarlo de la sartén y reservar.

3 Poner la berenjena en la sartén, romper y desechar los extremos leñosos de los espárragos, pasar los tallos a la sartén y asarlo todo durante un par de minutos. Mientras, pelar el ajo y rallarlo fino en el bol del jengibre crujiente. Rallar también en el bol la piel de la lima, exprimir la mitad del zumo e incorporar el gochujang y 5 cucharadas de agua hirviendo.

4 Verter esta salsa en la sartén y dejar que reduzca. Luego, disponer en el plato las verduras al gochujang, regándolas con la salsa que quede en la sartén. Cortar el pepino en rodajas finas, picar bien casi todo el cilantro, reservando algunas hojas, y mezclar ambos con el zumo de la otra media lima y una pizca de sal marina y pimienta negra. Filetear el solomillo y servirlo en el plato junto con el pepino aliñado, y decorar con las hojas de cilantro reservadas.

Albóndigas de pollo en caldo arcoíris

Unas albóndigas de lo más sabrosas. Tanto prepararlas como comerlas es un gustazo

PARA 4 PERSONAS
18 MINUTOS

- 2 guindillas rojas frescas
- 4 dientes de ajo
- 2 pechugas de pollo sin piel (de 150 g cada una)
- 1 paquete de 250 g de arroz integral cocido
- 2 cucharadas de pasta de miso blanco
- 100 g de jengibre encurtido
- 1 manojo de cilantro (30 g)
- 2 limas
- 1,5 litros de caldo de pollo
- 2 bolsas (de 320 g) de verduras variadas para saltear

1 Poner agua a hervir. Retirar las semillas de las guindillas, pelar el ajo y poner ambos en un robot de cocina con el pollo, el arroz, la mitad de la pasta de miso y el jengibre encurtido, reservando el líquido de la conserva. Agregar casi todo el cilantro, tallos incluidos, reservando algunas hojas bonitas. Rallar fina la piel de las limas y triturar hasta que se mezcle todo bien. Dividir la masa en 16 porciones iguales y, con las manos húmedas, darles forma de bola.

2 Poner una cazuela grande y honda a fuego medio-alto. Verter el caldo y el resto del miso y llevar a ebullición. Introducir con cuidado las albóndigas, tapar y escalfar durante 3 minutos. Luego, agregar las dos bolsas de verdura y cocinar 3 minutos más, o hasta que las albóndigas estén bien cocidas.

3 Probar el caldo y sazonar al gusto con zumo de lima, un poco del líquido de conserva del jengibre (si se desea), sal marina y pimienta negra. Servir en los boles, decorar con las hojas de cilantro restantes y acompañar con cuñas de lima.

EL ÚLTIMO TOQUE

Para darle sabor extra, ¡haz caldo casero! Usa huesos de pollo o ternera (pregúntale al carnicero) con recortes o peladuras de cebolla, zanahoria y apio, así como hierbas que tengas de sobra. Las setas deshidratadas también aportan mucho sabor. Cubre todos los ingredientes con agua y deja que cuezan durante 3 o 4 horas, espumando de vez en cuando. Luego cuélalo, sazona al gusto y guárdalo en la nevera o el congelador hasta que lo necesites.

Ensalada con tortitas de lentejas y espinacas

Con su aliño rosa y las sabrosas tortitas, esta deliciosa ensalada hará las delicias de todos

PARA 2 PERSONAS
19 MINUTOS

- 1 lata (de 400 g) de lentejas
- 160 g de espinacas tiernas
- 1 manojo de cebollino (20 g)
- 2 rebanadas de pan integral de masa madre (100 g)
- 1 huevo grande
- 160 g de frambuesas
- 1 cucharadita de mostaza inglesa
- 50 g de queso de cabra con corteza
- 20 g de nueces
- 200 g de hojas de ensalada variada

1 Escurrir las lentejas y ponerlas en un robot de cocina con las espinacas y casi todo el cebollino. Trocear el pan en el vaso del robot y cascar el huevo. Agregar una pizca de sal marina y pimienta negra y triturar hasta que quede homogéneo.

2 Poner una sartén antiadherente grande a fuego medio con una pulverización de aceite de oliva. Por tandas, verter cucharadas colmadas de la mezcla y cocinarlas durante 3 minutos por cada lado o hasta que queden doradas y crujientes, y pasarlas a una tabla de cortar.

3 Mientras, para el aliño, chafar con un tenedor la mitad de las frambuesas en un bol, incorporar la mostaza y ½ cucharada de cada de vinagre de vino tinto y aceite de oliva virgen extra, y sazonar al gusto.

4 Una vez hechas todas las tortitas, cortar el queso de cabra en rodajas muy finas, disponerlas en la sartén un par de minutos para que queden crujientes y desmigar las nueces por encima.

5 Repartir las hojas de ensalada entre los platos, picar fino el cebollino restante y esparcirlo por encima, y repartir las tortitas y el queso de cabra con nueces. Añadir las demás frambuesas, regar con el aliño rosa y servir.

¡MÁS TRUCOS!

Congela el pescado

La mayoría de nosotros no comemos suficiente pescado, en especial el azul, que es una fuente excelente de omega-3. El problema con el pescado es que, en cuanto sale del agua, su calidad empieza a deteriorarse, por lo que hay que consumirlo fresco. Lo ideal sería comprarlo directamente al pescador que lo capturó, pero no es algo muy realista. Lo que yo hago es visitar cada sábado al pescadero ambulante de mi barrio, Dan Eastwood, y veo qué pescado me recomienda ese día. Los sábados siempre comemos pescado, porque se nota la diferencia en cuanto a sabor, textura y frescura si se come el mismo día que se compra. Y compro más pescado para la semana, lo marino y lo congelo, listo para cocinarlo cuando lo necesite.

Pero mi truco es secar bien el pescado con toques de papel de cocina para eliminar toda la humedad, tanto los pescados enteros como los filetes o porciones. El olor a pescado procede del amoníaco que crea la humedad; paradójicamente, una vez que está en tierra, el pescado no se lleva bien con el agua. Si lo congelas, lo aprovecharás en su mejor momento. Me gusta pulverizarlo con aceite de oliva y suelo añadir un poco de ralladura de limón, rodajas de guindilla, unas semillas de hinojo o hierbas aromáticas frescas. Pongo el pescado en una bandeja forrada con papel de horno, lo tapo y lo congelo, y luego lo meto en bolsitas para guardarlo mejor. O bien los pongo en una fuente esmaltada pequeña, que puede pasar directamente del congelador al horno caliente. Luego, solo hay que cocinarlo hasta que se rompa en escamas.

Por supuesto, si no tienes cerca una pescadería, puedes acudir a tu supermercado. Suele valer la pena buscar ofertas, sobre todo si lo compras por mitades, que luego te pueden cortar en porciones. Pregúntale al personal qué pescados han entrado ese día; así podrás optar por las opciones más frescas.

Arroz con salmón a la plancha

Solo una sartén, se cocina rápido, sabores y texturas a tope, y un resultado nutritivo. ¡Una gozada!

PARA 2 PERSONAS
19 MINUTOS

- 2 filetes de salmón (de 130 g cada uno), con piel, sin escamas y sin espinas
- 1 paquete de 250 g de arroz integral cocido
- 1 cucharada de semillas de sésamo
- 160 g de guisantes congelados
- 30 g de jengibre encurtido
- 2 cucharadas de salsa de soja baja en sal, y un poco más para servir
- 1 huevo
- 1 limón
- 160 g de pimientos rojos asados en conserva
- 4 cebolletas

1 Pulverizar con aceite de oliva una sartén antiadherente de 30 cm fría. Cortar cada filete de salmón por la mitad a lo largo y disponerlos en la sartén.

2 Volcar el arroz en un bol y mezclarlo con las semillas de sésamo, los guisantes, el jengibre encurtido y la soja. Cascar el huevo y rallar fina sobre el bol la piel del limón. Picar y añadir los pimientos, junto con un chorrito del líquido de la conserva. Limpiar las cebolletas, cortar en rodajitas la parte verde, echarla en el bol y mezclar bien, reservando las mitades blancas.

3 Verter la mezcla de arroz por encima del salmón, disponerlo en una capa uniforme, aplastándola un poco, taparlo y cocinarlo durante 8 minutos o hasta que el salmón esté dorado y el arroz se haya calentado bien. Mientras, cortar en tiras finas la parte blanca reservada de las cebolletas y ponerlas en un bol de agua fría para que se ricen.

4 Darle la vuelta al arroz con confianza sobre una tabla de cortar o una fuente, y luego escurrir y echar por encima la parte blanca de las cebolletas. Servir con cuñas de limón y un chorrito más de soja, si se desea.

Pollo en leche

Una receta sencilla para esos días en los que necesitas un abrazo en forma de bol

PARA 2 PERSONAS
20 MINUTOS

800 ml de leche semidesnatada

2 pechugas de pollo sin piel (de 150 g cada una)

½ coliflor pequeña (160 g)

2 dientes de ajo

½ manojo de salvia (10 g)

160 g de setas variadas

2 cucharaditas colmadas de mostaza inglesa

1 limón

2 nidos de fideos de arroz finos instantáneos (90 g en total)

160 g de espinacas tiernas

1 Poner una cazuela grande honda a fuego alto, verter la leche, sazonar con sal marina y pimienta negra e introducir el pollo. Cocer a fuego vivo 5 minutos. Mientras, cortar la coliflor en ramitos, y pelar el ajo y cortarlo en rodajas finas.

2 Agregar a la cazuela la coliflor, el ajo y la salvia; trocear las setas y añadirlas también junto con la mostaza. Cocinar durante 5 minutos más o hasta que las pechugas se hayan cocido bien. Entretanto, con un pelador, cortar en tiras la piel del limón y echarlas en la cazuela junto con el zumo. La leche se cortará, pero justo eso es lo que queremos conseguir.

3 Pasar el pollo cocido a una tabla de cortar y desechar la salvia. Agregar los fideos a la cazuela, seguidos de las espinacas. Cocinar 3 minutos más, hasta que los fideos se rehidraten y las espinacas se ablanden. Mezclar bien, sazonar al gusto y servir las verduras y fideos en boles. Filetear también el pollo y echar el líquido por encima con un cucharón.

Paquetitos crujientes al vapor

Estos paquetitos a rebosar de verduras son muy divertidos de hacer y de comer: con textura, crujientes... ¡adictivos!

PARA 2 PERSONAS
21 MINUTOS

14 obleas de papel de arroz

2 cucharadas de semillas de sésamo

1 lata (de 225 g) de castañas de agua en rodajas

1 bolsa (de 320 g) de verduras variadas para saltear

1 manojo de cilantro (30 g)

165 g de langostinos pelados crudos

1 tarro (de 120 g) de jengibre encurtido

2 cucharadas de salsa de soja baja en sal

2 cucharadas de salsa de guindilla dulce

1 lima

1 De una en una, sumergir las obleas de arroz en un bol grande con agua fría y luego extenderlas en una superficie de trabajo limpia pulverizada con aceite para que se ablanden.

2 Pulverizar bien con aceite una sartén antiadherente grande en frío y extender en la base las semillas de sésamo. Escurrir las castañas de agua y ponerlas en una tabla de cortar con las verduras para saltear y la mitad del cilantro, tallos incluidos. Picarlo grueso todo junto y repartirlo de manera uniforme entre las obleas. Reunir en el centro los lados de cada oblea para hacer un paquetito e ir poniéndolos en la sartén a medida que se terminan. No hay que preocuparse si se rompen o no quedan muy pulidos.

3 Poner la sartén a fuego alto. En cuanto empiece a chisporrotear, introducir los langostinos entre los paquetitos, tapar y cocinar durante 4 minutos o hasta que los paquetes estén bien dorados por la base y los langostinos estén cocidos.

4 Mientras, poner el resto del cilantro en el vaso de la batidora, tallos incluidos (reservando algunas hojas bonitas). Agregar el jengibre encurtido, incluido el líquido de la conserva. Triturar hasta obtener una salsa uniforme y verterla en un bol para mojar. Servir también en sendos boles las salsas de soja y de guindilla.

5 Darle la vuelta a la sartén con confianza sobre una tabla de cortar para sacar los paquetitos y los langostinos. Esparcir por encima las hojas de cilantro reservadas. Servir con cuñas de lima y con las tres salsas. Si sobra salsa verde, se puede conservar en la nevera para otras recetas. Ir mojando los langostinos y los paquetitos en una salsa, en dos o en tres... ¡Lo que prefieras!

Ensalada de pollo con pesto de guisantes

Aquí usaremos verduras verdes de dos sabrosas maneras para realzar un pollo jugoso y dorado

PARA 2 PERSONAS
21 MINUTOS

- 160 g de guisantes congelados
- 160 g de habas congeladas
- 1 limón
- 20 g de parmesano
- 1 manojo de albahaca (30 g)
- 2 pechugas de pollo sin piel (de 150 g cada una)
- 160 g de espárragos
- 2 dientes de ajo
- 2 cucharadas de piñones
- 2 cucharadas colmadas de queso cottage

1 Poner una sartén antiadherente grande a fuego medio-alto con los guisantes y las habas. Cubrir con 100 ml de agua y hervir durante 2 minutos.

2 Poner la mitad de los guisantes y las habas en el vaso de la batidora con un buen chorro del agua de cocción y escurrir el resto. Con un pelador, cortar en tiras la piel del limón y reservar. Exprimir medio limón en el vaso de la batidora y añadir casi todo el parmesano y casi toda la albahaca, tallos incluidos, reservando las hojas más pequeñas para decorar. Añadir 1 cucharada de aceite de oliva virgen extra y triturar hasta obtener una textura homogénea, sazonar al gusto y extenderlo en los platos de servir.

3 Sazonar las pechugas de pollo con sal marina y pimienta negra y ponerlas en la sartén con un poco de aceite de oliva pulverizado. Freír a fuego medio-alto durante 7 minutos o hasta que estén hechas, dándoles la vuelta a media cocción. Limpiar los espárragos y añadirlos junto con la piel de limón reservada al darle la vuelta al pollo, sacudiendo la sartén de vez en cuando.

4 Cuando solo falte un minuto de cocción, chafar el ajo por encima del pollo con un prensa ajos, añadir los piñones y los guisantes y habas reservados, exprimir por encima el otro medio limón, mezclar bien y apagar el fuego. Dejar reposar 3 minutos en la sartén. Luego, filetear el pollo y disponerlo todo en los platos, encima del pesto de guisantes. Esparcir por encima las hojas reservadas de albahaca, junto con el queso cottage a cucharadas y el parmesano en virutas. Un poco de pan acompaña muy bien.

Cereales con pollo y arándanos

Los arándanos asados realzan esta estupenda ensalada tibia de pollo

PARA 2 PERSONAS
21 MINUTOS

2 pechugas de pollo sin piel (de 150 g cada una)

1 cucharadita de ras el hanout, y un poco más para servir

2 dientes de ajo

1 limón

160 g de arándanos

1 paquete (de 250 g) de cereales variados precocidos (trigo, cebada, arroz integral y rojo, quinoa)

1 lata (de 400 g) de lentejas

160 g de guisantes congelados

½ manojo de menta (15 g)

30 g de queso feta

1 Hacer unos cortes ligeros en la parte más gruesa de las pechugas y sazonar con sal marina, pimienta negra y el ras el hanout. Ponerlas en una sartén antiadherente grande a fuego medio-alto con 1 cucharada de aceite de oliva y cocinar durante 5 minutos o hasta que estén doradas, dándoles la vuelta a media cocción.

2 Pelar el ajo y cortarlo en rodajas finas. Con un pelador, cortar en trocitos la piel del limón y añadir ambos a la sartén. Cocinar durante 2 minutos o hasta que el ajo se haya dorado. Entonces, colocar el ajo encima del pollo y agregar los arándanos. Cuando empiecen a saltar y el pollo esté cocido, pasarlo todo a una tabla de cortar, dejando la sartén al fuego.

3 Verter los cereales y las lentejas, incluido el líquido de la conserva. Dejar reducir durante 2 minutos, agregar los guisantes y proseguir la cocción hasta que esté bien caliente. Añadir el zumo de medio limón, sazonar al gusto y servir en platos hondos junto con los arándanos.

4 Filetear el pollo y disponerlo encima, junto con los jugos que haya podido soltar. Deshojar la menta por encima y añadir el feta desmigado. Servir con cuñas de limón y un poco más de ras el hanout.

Espaguetis con cangrejo

Sabroso, elegante y con un punto refinado, este plato ofrece un delicioso contraste de sabores y texturas

PARA 2 PERSONAS
21 MINUTOS

- 2 dientes de ajo
- 1 cebolla roja (160 g)
- 1 ramita de romero
- ½ cucharadita de copos de guindilla roja seca
- 150 g de espaguetis integrales secos
- 1 lata (de 400 g) de tomates pera
- 160 g de espárragos
- 1 limón
- 200 g de carne blanca de cangrejo

1 Pelar el ajo y la cebolla y cortarlos en juliana fina. Poner una sartén antiadherente grande a fuego alto con 1 cucharada de aceite de oliva y las hojas del romero. En cuanto empiecen a chisporrotear, incorporar el ajo, la cebolla y los copos de guindilla. Rehogar 5 minutos o hasta que esté tierno, removiendo con frecuencia.

2 Mientras, cocer la pasta en una cazuela de agua hirviendo con sal según las instrucciones indicadas en el envase y escurrirla, reservando una taza del agua de cocción.

3 Agregar los tomates a la sartén, deshaciéndolos con la cuchara. Cocer a fuego lento 5 minutos. Mientras, limpiar los espárragos y cortarlos en tiras con un pelador sobre un bol. Rallar fina la piel del limón en el mismo bol, exprimir el zumo e incorporar también la carne de cangrejo y un poco más de aceite de oliva virgen extra. Sazonar al gusto.

4 Sazonar la salsa de tomate al gusto e incorporar los espaguetis, diluyendo la consistencia con un poco del agua de cocción si fuera necesario. Servir la pasta en los platos, echar por encima el cangrejo y los espárragos aliñados, y servir.

Suculenta ensalada de alubias cremosas

Una serie de ingredientes nutritivos y deliciosos se aúnan para crear un plato que es una gozada

PARA 2 PERSONAS
24 MINUTOS

20 g de queso de cabra

2 rebanadas de pan de masa madre con semillas (100 g)

160 g de arándanos

1 lata (de 400 g) de alubias blancas

1 cucharadita colmada de mostaza de Dijon

80 g de espinacas tiernas

1 bulbo pequeño de hinojo (160 g)

1 aguacate pequeño maduro (160 g)

1 manojo de estragón (20 g)

20 g de nueces

1 Si te acuerdas, un buen truco es congelar un rulo de queso de cabra la noche de antes. Así es más fácil rallarlo para dar el toque final a esta y otras recetas, según lo necesites.

2 Cortar el pan en trozos de 1 cm y freírlos en seco en una sartén antiadherente grande a fuego medio, removiendo con frecuencia. En cuanto se doren, retirar. Tostar los arándanos en la sartén durante 1 minuto y verterlos en un bol grande para ensaladas. Verter las alubias en la sartén, incluido el líquido de la conserva, añadir 1 cucharada de vinagre de vino tinto, sazonar y reducir hasta que adquieran una textura espesa y cremosa, removiendo de vez en cuando.

3 Mientras, chafar la mitad de los arándanos en el bol y mezclarlos todos con la mostaza, 1 cucharada de vinagre de vino tinto y 2 cucharadas de aceite de oliva virgen extra, y sazonar al gusto. Disponer las espinacas encima, cortar en rodajas muy finas el hinojo (a mano con un buen cuchillo o con un pelador), echando también algunas hojas superiores, si hubiera. Partir el aguacate por la mitad, retirar el hueso, pelarlo, cortarlo en rodajas muy finas y echarlo al bol. Deshojar también el estragón, agregar los picatostes y mezclar bien.

4 Verter por encima las alubias cremosas. Desmenuzar las nueces y rallar fino un poco del queso de cabra congelado como toque final.

Pescado en agua loca

En la receta italiana de *acqua pazza*, el pescado se cuece despacio en una salsa de verduras. Delicioso

PARA 2 PERSONAS
24 MINUTOS

- 4 dientes de ajo
- 1 guindilla roja fresca
- 1 calabacín pequeño (160 g)
- 160 g de tomates cherry maduros de colores variados
- 1 manojo de albahaca (30 g)
- 1 lata (de 400 g) de alubias blancas, tipo cannellini, en conserva
- 160 g de guisantes congelados
- 1 limón
- 1 dorada entera (de 450 g) sin escamas, eviscerada, sin aletas
- 2 rebanadas de pan integral de masa madre

1 Pelar el ajo y cortarlo en láminas finas junto con la guindilla. Partir el calabacín en dos a lo largo, retirar las semillas del centro y cortarlo en rodajas finas. Poner una sartén antiadherente grande a fuego medio-alto con 2 cucharadas de aceite de oliva, el calabacín, el ajo, la guindilla y los tomates. Añadir casi todas las hojas de albahaca troceadas, reservando algunas de las más pequeñas en un bol de agua fría, y freír durante 2 minutos, removiendo de vez en cuando.

2 Agregar las judías, incluido el líquido de la conserva, junto con ½ lata de agua y a continuación los guisantes. Exprimir el zumo de medio limón, llevar a ebullición, sazonar al gusto, hacer un hueco en medio y encajar el pescado. Tapar y cocer a fuego lento durante 15 minutos o hasta que el pescado esté cocido; para saberlo, comprobar la parte más gruesa cerca de la cabeza. Si se separa fácilmente de la raspa, está listo. Pasar el pescado a un plato. Dejar la sartén al fuego y reducir la salsa hasta que esté al gusto.

3 Para servir, separar con cuidado los dos filetes del pescado con ayuda de dos tenedores, retirando las espinas que se encuentren. No te preocupes de sacar los filetes enteros; cuantas más veces cocines pescados enteros, más fácil te resultará. Cocinarlo junto con la espina hace que quede más jugoso y sabroso, por lo que merece la pena. Servir con las alubias, las verduras, las hojas de albahaca reservadas, unas cuñas de limón y el pan tostado.

Jamie Oliver
Tefal

Orecchiette superverdes

Una forma estupenda de introducir más verde en la dieta. ¡Apuesta por el verde!

PARA 4 PERSONAS
24 MINUTOS

- 80 g de focaccia de romero
- 4 dientes de ajo
- 1 brócoli (320 g)
- 320 g de espinacas tiernas
- 50 g de parmesano
- 1 limón
- copos de guindilla roja seca
- 300 g de orecchiette
- 320 g de guisantes congelados
- 4 cucharadas de queso cottage

1 Poner agua a hervir. Con la batidora, triturar la focaccia con una pulverización de aceite de oliva y una pizca de sal marina hasta obtener un pan rallado, y luego tostarlo en una cazuela grande honda a fuego alto hasta que se dore, removiendo con frecuencia. Echar el pan en un bol, volver a poner la cazuela al fuego y verter agua hirviendo con sal hasta la mitad.

2 Pelar los dientes de ajo y echarlos en el agua. Cortar ramitos de brócoli del tamaño de un bocado y reservar. Luego, limpiar y trocear el tallo y ponerlo en la cazuela. Hervir durante 5 minutos y añadir las espinacas en el último minuto.

3 Con unas pinzas o una espumadera, pasar los tallos de brócoli, las espinacas y el ajo al vaso de la batidora, sacudiendo con cuidado el exceso de agua. También en el vaso, rallar fino el parmesano, exprimir el limón, añadir una pizca de copos de guindilla y 2 cucharadas de aceite, triturar hasta que quede uniforme y sazonar al gusto.

4 Cocer la pasta en la cazuela de agua hirviendo con sal según las instrucciones indicadas en el paquete, agregando más agua si fuera necesario. Cuando solo falten 2 minutos, añadir los ramitos de brócoli y los guisantes (o dejarlos hasta que estén tiernos). Escurrirlo todo, reservando una taza del agua de cocción, y mezclarlo con la salsa verde, diluyendo la consistencia con un poco del agua de cocción reservada si fuera necesario, y repartir entre los platos.

5 Echar 1 cucharada de queso cottage en cada plato, y espolvorear por encima una pizca de copos de guindilla y el pan rallado tostado. Terminar con un chorrito de aceite de oliva virgen extra si se desea.

Paquetitos de pescado y orzo con tomate

Una forma muy elegante de cocinar el pescado y una bonita receta para presentar en la mesa

PARA 2 PERSONAS
24 MINUTOS

- 150 g de orzo
- 1 lata (de 400 g) de tomates pera
- 2 dientes de ajo
- 1 guindilla roja fresca
- ½ manojo de albahaca (15 g)
- 160 g de pimientos rojos asados de bote
- 1 calabacín pequeño (160 g)
- 2 filetes de pescado blanco gruesos (de 130 g cada uno), con piel, sin escamas y sin espinas
- 1 limón
- 15 g de parmesano

1 Hervir agua. Poner el orzo en una cazuela mediana a fuego alto. Echar agua hirviendo con sal justo hasta cubrirlo y cocinar 5 minutos; mientras, poner los tomates en el vaso de la batidora. Pelar el ajo y añadirlo. Partir por la mitad la guindilla, desechar las semillas y echarla también en el vaso, junto con los tallos de la albahaca (reservar las hojas). Triturar hasta obtener una textura homogénea y sazonar al gusto. Echar esta salsa en la cazuela. Picar finos los pimientos y añadirlos junto con casi todas las hojas de albahaca, reservando algunas de las más pequeñas, llevar a ebullición y cocinar a fuego medio 5 minutos más, removiendo con frecuencia.

2 Mientras, con un pelador cortar el calabacín en cintas largas (guardar lo que sobre para otro día). Alinear las cintas, superponiéndolas ligeramente, en dos grupos, y colocar un filete de pescado en cada uno. Sazonar, pulverizar aceite de oliva, rallar por encima la piel del limón y enrollarlos. Introducir los paquetitos en el orzo, tapar, bajar el fuego a medio-bajo y cocer durante 10 minutos o hasta que el pescado esté hecho.

3 Exprimir medio limón por encima de los paquetitos, rallar fino el parmesano, esparcir las hojitas de albahaca reservadas y servir con cuñas de limón.

Festival de sabores con berenjena

Una alegría para la vista y el paladar y una forma gloriosa de homenajear las berenjenas

PARA 2 PERSONAS
28 MINUTOS

2 berenjenas grandes (de 400 g cada una)

400 g de garbanzos en conserva

1 manojo de menta (30 g)

½ manojo de cilantro (15 g)

4 cucharadas de yogur natural

½ limón

½ granada

2 cucharadas de chutney de mango

30 g de mezcla de aperitivo Bombay Mix

4 papadums

1 Poner agua a hervir. Partir las berenjenas por la mitad a lo largo y ponerlas a fuego alto, con la piel hacia arriba, en una cacerola grande poco honda con 1 cm de agua hirviendo, tapar y hervir 10 minutos.

2 Destapar, dejar que se evapore el agua restante, añadir 1 cucharada de aceite de oliva, y luego escurrir y añadir los garbanzos, disponiendo las berenjenas por encima de ellos. Freír hasta que estén dorados y empiecen a chisporrotear, sazonar al gusto y pasarlo todo a una fuente.

3 Reservando algunas hojas bonitas para decorar, deshojar la menta y picarla fina con el cilantro, tallos incluidos. Mezclar con el yogur, añadir el zumo y la ralladura del limón, y sazonar al gusto.

4 Partir la granada en dos y, sosteniendo con la mano una mitad con el corte hacia abajo, golpear el dorso con una cuchara para que todos los granos caigan en un bol. Sobre el mismo bol, exprimir el zumo de la otra mitad a través de un colador e incorporar el chutney de mango.

5 Disponer ambas salsas por encima de las berenjenas. Desmenuzar en la fuente el aperitivo Bombay Mix, esparcir las hojas de menta reservadas y rociar un chorrito de aceite de oliva virgen extra si se desea. Servir con papadums.

Sopa de tomate y fideos al gochujang

Una salsa coreana de guindilla lleva esta humilde sopa de tomate a nuevas dimensiones de sabor

PARA 4 PERSONAS
29 MINUTOS

- 2 cebollas rojas (320 g)
- 2 zanahorias (160 g)
- 2 cucharadas de salsa gochujang
- 600 g de tomates maduros
- 4 ramitas de cilantro
- 4 nidos de fideos de arroz finos instantáneos (180 g en total)
- 300 g de tofu sedoso

1 Poner una cazuela antiadherente grande y honda a fuego alto. Pelar y picar las cebollas y las zanahorias y ponerlas a freír en seco durante 8 minutos, removiendo con frecuencia.

2 Poner agua a hervir. Echar en la cazuela 2 cucharadas de aceite de oliva y el gochujang. Luego, picar gruesos los tomates y los tallos del cilantro (reservando las hojas) y añadirlos. Verter 1 litro de agua hirviendo, tapar y hervir durante 10 minutos. Mientras, en un bol, cubrir los fideos con agua hirviendo y dejarlos reposar para que se rehidraten. Luego, escurrirlos y repartirlos en boles grandes calientes.

3 Por tandas, ir poniendo casi toda la sopa en el vaso de la batidora y triturarla hasta obtener una textura homogénea, dejando una pequeña parte sin batir para que salgan tropezones. Sazonar al gusto y repartir en los boles. Cortar en dados el tofu y esparcirlos por encima junto con las hojas del cilantro. Terminar con un chorrito de aceite de oliva virgen extra si se desea.

Verduras asadas con crema de garbanzos

PARA 1 PERSONA | 30 MINUTOS

80 g de cada de
garbanzos en conserva, cebolla roja, pimientos rojos asados en conserva, tomates maduros, coles de Bruselas, zanahorias, coliflor, brócoli bimi

30 g de orejones de albaricoque

½ manojo de perejil (15 g)

1 cucharadita colmada de pasta de harissa

2 cucharadas de yogur griego

½ limón

Precalentar el horno a 200 °C. Reservar los garbanzos y los pimientos, y preparar el resto de las verduras y cortarlas en trozos del tamaño de un bocado. Ponerlas en una fuente de horno grande, rociarlas con 1 cucharada de aceite de oliva y una pizca de sal marina y pimienta negra, y asarlas durante 25 minutos o hasta que estén doradas y tiernas. Picar bien los pimientos, los orejones y las hojas del perejil, chafarlos con los garbanzos e incorporar la harissa, el yogur y el zumo del limón, y sazonar al gusto. Disponer por encima las verduras asadas y servir. Ideal acompañado de pan integral, cuscús o pasta.

Y EN FREIDORA DE AIRE...

Solo tienes que cocinar las verduras en la air fryer durante 20 minutos a 180 °C o hasta que estén doradas y tiernas, sacudiendo la cubeta a media cocción.

Guiso de setas

Un plato contundente y delicioso con dumplings y un intenso y cálido sabor a gochujang

PARA 2 PERSONAS
30 MINUTOS

250 g de setas variadas

4 cebolletas

2 zanahorias (160 g)

1 trozo de jengibre de 5 cm

150 g de harina con levadura

400 g de alubias negras en conserva

1 lata (de 225 g) de castañas de agua en rodajas

160 g de brotes de soja

2 cucharadas de salsa gochujang

150 g de tofu sedoso

1 Poner una sartén grande a fuego alto. Limpiar las setas y añadirlas, troceando las que sean más grandes, y freírlas en seco a medida que se calienta la sartén. Cuando quieran empezar a pegarse, pasarlas a un plato.

2 Entretanto, limpiar las cebolletas, cortar la parte verde en rodajas finas y reservarlas para después, y cortar la parte blanca en trozos de 2 cm. Lavar las zanahorias y cortarlas en rodajitas. Pelar el jengibre y cortarlo en bastoncitos. Al sacar las setas, poner en la sartén la parte blanca de las cebolletas, la zanahoria, el jengibre y 1 cucharada de aceite de oliva, y cocinar durante 5 minutos, removiendo con frecuencia.

3 Para preparar los dumplings, mezclar la harina con 90 ml de agua y una pizquita de sal marina e ir trabajando la mezcla hasta obtener una bola de masa. Arrancar trocitos de unos 3 cm y formar albóndigas con ellos. Deberían obtenerse unas 12. Poner agua a hervir.

4 Verter en la sartén las alubias y las castañas de agua, incluido el líquido de la conserva, y también las setas reservadas. Agregar los brotes de soja, incorporar el gochujang, cubrir con 500 ml de agua hirviendo y, con cuidado, disponer los dumplings en el guiso, tapar y cocinar 10 minutos o hasta que las albóndigas se hayan hinchado un poco.

5 Sazonar el guiso al gusto, cortar el tofu en dados y añadirlo, seguido de la parte verde de las cebolletas, y regar con un poco de aceite de oliva virgen extra, si se quiere.

Curri de pollo con chapatis

Una opción más para tu repertorio de curris, esta es fácil y reconfortante y se acompaña de chapatis

PARA 2 PERSONAS
31 MINUTOS

- 100 g de harina integral, y un poco más para espolvorear
- 1 cebolla (160 g)
- 1 trozo de jengibre de 8 cm
- 1 puñado pequeño de hojas de curri frescas
- 1 cucharada colmada de pasta de curri de Madrás
- 2 pechugas de pollo sin piel (de 150 g cada una)
- 2 cucharadas de coco rallado
- 250 g de tomates cherry maduros
- 1 lata (de 400 g) de alubias blancas
- 2 cucharadas colmadas de yogur natural

1 Para elaborar los chapatis, mezclar la harina en un bol con una pizca de sal marina, hacer un hueco en el centro e incorporar gradualmente 60 ml de agua caliente, removiendo con un tenedor hasta que empiece a tomar cuerpo. Trabajar la mezcla hasta obtener una bola de masa, tapar y dejar reposar.

2 Pelar la cebolla y picarla en trozos del mismo tamaño que las alubias. Pelar y picar fino el jengibre. Poner una cazuela grande poco profunda a fuego alto, agregar 1 cucharada de aceite de oliva y las hojas de curri, freírlas 1 minuto y, con una espumadera, pasarlas a un plato, dejando el aceite en la cazuela. Añadir la cebolla y el jengibre y cocinar durante 10 minutos, removiendo con frecuencia y añadiendo chorritos de agua si fuera necesario.

3 Incorporar la pasta de curri. Cortar el pollo en dados y echarlo en la cazuela junto con el coco. Agregar los tomates partidos por la mitad y las alubias, incluido el líquido de la conserva. Cocinar durante 10 minutos o hasta que la salsa haya espesado, removiendo de vez en cuando, y sazonar al gusto.

4 Poner una sartén a fuego medio-alto. Dividir en dos la masa y estirar cada trozo en una superficie espolvoreada de harina hasta que tenga unos 2 mm de grosor. Cocer cada chapati en la sartén durante 1 o 2 minutos por cada lado o hasta que empiece a tostarse.

5 Emplatar el curri con los chapati, disponer por encima el yogur y rematar con las hojas crujientes de curri. Ideal con una ensalada fresca y encurtidos variados.

Verduras mediterráneas asadas

PARA 1 PERSONA | PREPARACIÓN: 8 MINUTOS | COCCIÓN: 30 MINUTOS

80 g de cada de
berenjena, tomate maduro, calabaza moscada, cebolla roja, calabacín, pimiento rojo, boniato

1 cucharadita de orégano seco

1 cucharada de reducción de vinagre balsámico

2 ramitas de albahaca

Precalentar el horno a 200 °C. Limpiar o quitar las semillas de las verduras, según sea necesario, y cortarlas en dados de 2 cm, dejando el tomate entero. Ponerlas en una fuente de horno grande, rociar con 1 cucharada de aceite de oliva, el orégano y una pizca de sal marina y pimienta negra, y asarlas durante 30 minutos o hasta que estén doradas y tiernas. Con cuidado, pellizcar la piel del tomate para quitarla y chafarlo con un tenedor, rociar el vinagre balsámico por la fuente y mezclarlo todo bien, raspando los sabrosos restos que se hayan pegado en la base de la fuente. Sazonar al gusto, deshojar la albahaca por encima y servir. Está muy bueno tal cual, pero también puede mezclarse con alubias en conserva y un poco de feta desmigado, o bien acompañarlo de pasta o pan integral.

Paquetitos de atún y alubias con harissa

Estos paquetitos de crujiente filo sacan partido de las alubias, atún, harissa y orejones de albaricoque

PARA 2 PERSONAS
PREPARACIÓN: 20 MINUTOS
COCCIÓN: 30 MINUTOS

400 g de alubias blancas, tipo cannellini, en conserva

1 lata (de 145 g) de atún al natural

60 g de orejones de albaricoque

1 limón

1 cucharada de pasta de harissa, y un poco más para servir

4 hojas de pasta filo

1 zanahoria grande (160 g)

½ pepino (160 g)

2 ramitas de menta

2 cucharadas de yogur natural

1 Precalentar el horno a 200 °C. Escurrir las alubias y el atún, ponerlos en un bol y chafarlos (no hace falta desmenuzarlos mucho). Picar finos los albaricoques y añadirlos al bol, rallar la piel del limón, agregar la harissa y una pizca de pimienta negra, mezclarlo y amasarlo todo bien y dividirlo en 2 porciones iguales.

2 Extender por separado 2 hojas de pasta filo en una superficie de trabajo limpia, con los extremos cortos hacia el borde de la superficie. Pulverizar con aceite de oliva y disponer las otras 2 hojas encima. Echar una porción del relleno en la base de cada una, doblar los lados hacia dentro y formar dos paquetitos. Ponerlos bien distanciados en una bandeja para horno pulverizada con aceite (pulverizando también la parte superior de cada paquete) y hornearlos durante 30 minutos o hasta que estén dorados y crujientes.

3 Mientras, pelar la zanahoria y cortarla en rodajitas finas con un cuchillo o un pelador. Pasar un tenedor a lo largo del pepino y luego cortarlo en rodajas finas. Picar las hojas de menta y echarlas por encima, reservando algunas de las más pequeñas. Aliñar con zumo de limón, sazonar al gusto y repartir en los platos. Disponer los paquetitos de filo encima, extender el yogur y crear unas ondas con un poco más de harissa antes de servir.

Y EN FREIDORA DE AIRE...

Cocinar en la air fryer durante 15 minutos a 200 °C o hasta que estén dorados y crujientes, por tandas si es necesario.

Involtini de berenjena

Una cena sabrosísima con berenjenas rellenas en una dulce salsa de tomate

PARA 2 PERSONAS
PREPARACIÓN: 20 MINUTOS
COCCIÓN: 30 MINUTOS

- 2 berenjenas (de 250 g cada una)
- 1 manojo de albahaca (30 g)
- 1 lata (de 400 g) de alubias pintas tipo borlotti
- 100 g de queso ricota
- 20 g de parmesano
- 1 limón
- 2 dientes de ajo
- 2 cucharaditas colmadas de alcaparras pequeñas en salmuera
- 1 pizca de canela molida
- 800 g de tomates pera en conserva

1 Precalentar el horno a 180 °C. Poner una sartén antiadherente refractante grande a fuego alto. Cortar las berenjenas a lo largo en tiras de 1 cm de grosor y, a continuación, freírlas en seco, por tandas, durante 2 minutos por cada lado o hasta que estén tiernas, y reservar en una tabla de cortar.

2 Mientras, reservar unas hojas bonitas de la albahaca en un bol con agua fría, y poner el resto, tallos incluidos, en un robot de cocina. Escurrir las alubias y añadirlas junto con la ricota, rallar fino el parmesano y la piel del limón, exprimir el zumo, triturar hasta obtener una mezcla homogénea y sazonar al gusto.

3 Cuando todas las tiras de berenjena estén cocidas, agregar 1 cucharada de aceite de oliva a la sartén vacía. Pelar el ajo, picarlo muy fino y echarlo en la sartén junto con las alcaparras y la canela. Freír durante 2 minutos y luego verter y aplastar los tomates.

4 Repartir y extender la mezcla de ricota en las tiras de berenjena, enrollarlas e introducirlas en la salsa. Poner la sartén en el horno y cocinarlo 30 minutos o hasta que esté dorado y burbujee, y esparcir por encima las hojas de albahaca reservadas. Está delicioso acompañado de pan integral crujiente para mojar la salsa.

Pollo, alubias y arroz al horno

Uno sabe a qué atenerse con un buen guiso al horno, y esta mezcla de sabores da en el clavo

PARA 4 PERSONAS
PREPARACIÓN: 10 MINUTOS
COCCIÓN: 50 MINUTOS

- 2 cebollas rojas (320 g)
- 320 g de calabaza o calabaza moscada
- 320 g de apio
- 2 pimientos verdes (320 g)
- 4 contramuslos grandes de pollo, con piel y sin deshuesar
- 2 cucharaditas colmadas de pasta de harissa
- 2 paquetes (de 250 g) de arroz integral cocido
- 2 latas (de 400 g) de alubias blancas, tipo cannellini, en conserva
- 1 limón
- 4 cucharadas de yogur natural

1 Precalentar el horno a 180 °C. Pelar las cebollas, lavar la calabaza y cortar ambas en cuñas pequeñas, retirando las semillas de la calabaza. Pelar y trocear el apio, reservando las hojas interiores de color amarillo pálido. Picar los pimientos en trozos de 4 cm, retirando las semillas. Ponerlo todo en una fuente de horno grande de 30 cm x 40 cm y rociarlo con 1 cucharada de cada de vinagre de vino tinto y aceite de oliva, y sazonar.

2 Pulverizar aceite en los contramuslos y sazonarlos. Colocarlos directamente en la rejilla del horno, con la fuente de verduras debajo. Asar durante 30 minutos.

3 Con unas pinzas, pasar el pollo a una tabla de cortar. Luego, sacar la bandeja del horno e incorporar la pasta de harissa. Verter en la bandeja el arroz y las alubias, incluido el líquido de la conserva, y disponer el pollo encima con la piel hacia arriba. Asar durante 20 minutos más o hasta que el pollo esté dorado y bien cocido.

4 Para servir, exprimir el limón por todos los ingredientes de la bandeja, echar cucharadas de yogur y esparcir las hojas reservadas de apio.

Fuente de curri vegetariano

Una fuente al horno sencillísima y reconfortante que realzará todas tus verduras

PARA 4 PERSONAS
PREPARACIÓN: 10 MINUTOS
COCCIÓN: 55 MINUTOS

- 2 berenjenas (de 250 g cada una)
- 1 coliflor (800 g)
- 2 cebollas (320 g)
- 4 tomates maduros medianos
- 1 limón
- ½ manojo de cilantro (15 g)
- 2 cucharadas colmadas de pasta de curri korma
- 1 tarro de lima encurtida
- 400 g de leche de coco ligera
- 20 g de cacahuetes tostados sin sal

1 Precalentar el horno a 200 °C. Partir las berenjenas por la mitad a lo largo y luego cortarlas al estilo hasselback: hacerles unos cortes transversales finos a través de la piel y hasta tres cuartos de profundidad. Retirar las hojas exteriores más marchitas de la coliflor y partirla en cuartos. Pelar las cebollas y partirlas en cuartos. Hacer unos cortes ligeros en forma de cruz en cada tomate.

2 Rallar fina la piel del limón en una fuente para el horno honda de 30 cm x 40 cm y añadir también el zumo. Picar finos los tallos de cilantro e incorporarlos, reservando las hojas en un bol de agua fría, y añadir la pasta de curri. Agregar las verduras y frotarlas con la pasta, asegurando que penetre bien en los cortes de la berenjena. Sacudir la bandeja para que se forme una capa uniforme, pulverizar aceite de oliva, sazonar con sal marina y pimienta negra y asar durante 45 minutos o hasta que estén tiernas y caramelizadas.

3 Mientras, verter el contenido del tarro de lima en el vaso de la batidora con 150 ml de agua hirviendo y triturar hasta que quede homogéneo. Volver a llenar el tarro con esta mezcla y guardarlo en la nevera para otras recetas. Verter el resto en un bol pequeño.

4 Poner la bandeja sobre la placa a fuego medio-alto y verter en ella la leche de coco. Dejar que hierva y se reduzca durante 5 minutos o hasta que la salsa adquiera una buena consistencia, raspando para que se incorporen los sabrosos restos que se hayan pegado a la base. Disponer por encima las hojas de cilantro y los cacahuetes troceados y servir regado con el encurtido de lima. Se puede acompañar de arroz integral o panes naan.

Estofado de pollo y setas

Comida reconfortante con un par de atajos, sopa de lata y ñoquis, pero a tope de sabor

PARA 4 PERSONAS
PREPARACIÓN: 10 MINUTOS
COCCIÓN: 1 HORA

- 4 contramuslos grandes de pollo, con piel y sin deshuesar
- 2 cebollas (320 g)
- 2 zanahorias grandes (320 g)
- ½ manojo de tomillo (10 g)
- 320 g de champiñones portobello
- 1 lata (de 295 g) de crema concentrada de champiñones
- 600 ml de leche semidesnatada
- 320 g de maíz dulce congelado
- 1 lata (de 570 g) de alubias blancas, tipo cannellini
- 800 g de ñoquis de patata

1 Poner una cacerola antiadherente grande y poco profunda a fuego medio-alto. Retirar las pieles de los contramuslos y ponerlas en la cacerola para que suelten la grasa.

2 Sazonar los contramuslos con una pizquita de sal marina y pimienta negra y ponerlos en la sartén, dándoles vueltas con unas pinzas hasta que estén bien dorados. Mientras, pelar las cebollas y las zanahorias en trozos de 3 cm e ir echándolos en la cacerola sobre la marcha. Retirar los trozos crujientes de piel y desecharlos. Luego, deshojar el tomillo en la cazuela, trocear las setas y cocinar durante 20 minutos o hasta que las verduras estén caramelizadas, removiendo de vez en cuando.

3 A continuación, agregar la sopa y la leche. Cubrir con la tapa sin ajustar del todo y cocer despacio a fuego medio durante 10 minutos. Precalentar el horno a 220 °C.

4 Echar el maíz y las alubias en la cacerola, incluido el líquido de la conserva, y esparcir con cuidado los ñoquis por encima. Pulverizar con un poco de aceite de oliva y meterlo sin tapa en el horno durante 30 minutos o hasta que la carne del pollo se desprenda fácilmente del hueso, los ñoquis estén dorados y el guiso burbujee a buen ritmo.

Fin de semana

Sopa de primavera con tostadas de ricota

Una sopa sabrosa y realmente espectacular, todo un placer para el paladar

PARA 4 PERSONAS
30 MINUTOS

2 puerros (320 g)

285 g corazones de alcachofa en conserva de aceite

320 g de guisantes congelados

320 g de habas congeladas

1 manojo grande de menta (60 g)

250 g de queso ricota

20 g de parmesano

1 limón

4 rebanadas de pan integral de masa madre

copos de guindilla roja seca

1 Limpiar los puerros, partirlos por la mitad a lo largo, lavarlos, cortarlos en rodajas y ponerlos en una cazuela antiadherente grande y honda a fuego medio. Partir por la mitad las alcachofas y echarlas en la cazuela junto con 2 cucharadas de aceite de la conserva. Rehogar durante 15 minutos o hasta que los puerros estén bien tiernos, removiendo de vez en cuando. Poner agua a hervir.

2 Añadir a la cazuela los guisantes, las habas y 1 litro de agua hirviendo, subir el fuego y llevar a ebullición. Mientras, deshojar la menta, picarla fina (desechando los tallos) y echarla también en la cazuela. Pasar por la batidora la mitad de la sopa, ya sea sacándola al vaso de una batidora o utilizando una batidora de mano en la propia cazuela, y mezclar con el resto para obtener una textura más cremosa. Sazonar al gusto y cocer a fuego lento.

3 En un bol, batir la ricota con el parmesano y la piel del limón rallados finos, sazonar y diluir la consistencia con un poco de zumo de limón al gusto. Tostar el pan y extender 1 cucharada colmada de la mezcla de ricota en cada rebanada. Guardar lo que sobre en la nevera para otro día (se conserva hasta 3 días). Echar una pizca de copos de guindilla en cada tostada, repartir la sopa y servir con unas cuñas de limón para exprimir por encima, si se quiere.

EL ÚLTIMO TOQUE

Si tienes una corteza de parmesano, añádela cuando cuezas los guisantes y las habas; realzará increíblemente los sabores. Puedes incorporar las verduras verdes que quieras, como espárragos, brócoli, judías verdes o edamame.

Sopa de lentejas con cordero especiado

Me recuerda mucho a la sopa *mulligatawny*... Un sabor exquisito que deja total satisfacción

PARA 4 PERSONAS
35 MINUTOS

250 g de carne de cordero picada

2 dientes de ajo

2 cebollas (320 g)

2 zanahorias grandes (320 g)

2 cucharadas de curri en polvo

250 g de lentejas rojas partidas

1 tarro de lima encurtida

1 manojo de cilantro (30 g)

320 g de guisantes congelados

10 papadums crudos

1 Poner una cazuela grande poco profunda a fuego alto con la carne picada e ir deshaciéndola con una cuchara. Freírla en seco durante 10 minutos o hasta que esté bien dorada, removiendo con frecuencia.

2 Pelar el ajo, las cebollas y las zanahorias y picarlos bien. Echarlos en la cazuela con 1 cucharada de cada de aceite de oliva y curri en polvo, y cocinar otros 10 minutos o hasta que empiecen a caramelizarse, removiendo de vez en cuando. Poner agua a hervir. Agregar las lentejas, verter 2 litros de agua hirviendo y hervir durante 10 minutos.

3 Mientras, verter el contenido del tarro de lima en el vaso de la batidora, agregar los tallos del cilantro, añadir medio tarro de agua y triturar hasta que quede homogéneo. Volver a llenar el tarro con esta mezcla y guardarlo en la nevera para otra receta (hasta 1 semana). Verter el resto en un bol.

4 Agregar los guisantes a la sopa, desmenuzar los papadums crudos y cocinar 5 minutos. Incorporar la otra cucharada de curri en polvo y las hojas de cilantro, sazonar al gusto y servir acompañado del encurtido de lima triturado.

Y SI PREFIERES VEGETARIANO…

Sustituye la carne de cordero por 320 g de champiñones picados o triturados.

PATAK'S
LIME

Salmón dorado estilo hasselback

Su aspecto impresiona, y sin embargo es facilísimo: un delicioso salmón perfecto para compartir

PARA 6 PERSONAS
PREPARACIÓN: 12 MINUTOS
COCCIÓN: 30 MINUTOS

½ salmón (1 kg), con piel, sin escamas y sin espinas

1 limón

1 manojo de albahaca (30 g)

1 lata de anchoas en aceite (50 g)

500 g de tomates maduros, en la rama

2 cucharadas de pasta de harissa

300 g de cuscús integral

1 tarro (de 700 g) de garbanzos gordos en conserva

1 kg de verduras mediterráneas variadas congeladas

100 g de yogur natural

1 Precalentar el horno a 220 °C. Con un cuchillo afilado, practicar unos cortes en el salmón a intervalos de 1 cm, atravesando casi toda la carne pero sin llegar a la piel.

2 Rallar fina la piel del limón sobre una tabla de cortar. Añadir casi todas las hojas de la albahaca, reservando algunas de las más bonitas en un bol de agua fría, y poner los tallos en el vaso de la batidora. Añadir las anchoas a la tabla junto con un chorrito del aceite de la lata y una pizca de sal marina y pimienta negra, picarlo todo junto y frotar el salmón con esta mezcla, tratando de que penetre bien en los cortes.

3 Echar en la batidora los tomates, 1 cucharada de harissa y 2 cucharadas de vinagre de vino tinto. Triturar hasta obtener una textura homogénea, sazonar al gusto, verterlo en una bandeja de horno honda (de 30 x 40 cm) y agregar el cuscús y los garbanzos, incluido el líquido de la conserva. Disponer el salmón preparado en el centro y repartir las verduras congeladas alrededor. Cocer en la rejilla superior del horno durante 30 minutos o hasta que esté dorado y bien cocido.

4 Echar por encima las hojas de albahaca reservadas. Con unas espátulas, pasar el salmón a la tabla de cortar y dividirlo en porciones. Luego, mezclar todo el contenido de la bandeja. Incorporar el resto de la harissa con el yogur. Servir con cuñas de limón.

Fish & chips saludables

Un plato de fish & chips tradicional no es lo que se dice saludable... pero esta versión sí

PARA 4 PERSONAS
45 MINUTOS

- 1 kg de boniatos
- 80 g de pan rallado panko
- 1 huevo
- 4 filetes de pescado blanco (de 130 g cada uno), sin piel ni espinas
- 1 lata (de 400 g) de garbanzos en conserva
- 2 cucharadas de pasta de curri tikka masala
- 2 limones
- 320 g de guisantes congelados
- ½ manojo de menta (15 g)
- pepinillos, para acompañar

1 Precalentar el horno a 220 °C. Lavar los boniatos y cortarlos a lo largo en gajos finos. Mezclarlos en una fuente de horno grande con 1 cucharada de aceite de oliva, una pizca de sal marina y abundante pimienta negra, disponerlos en una sola capa y asar durante 40 minutos o hasta que estén dorados y bien hechos, dándoles la vuelta a media cocción.

2 Extender el pan rallado en un plato. Batir y sazonar el huevo en un plato hondo. Untar el pescado en el huevo y rebozarlo con el pan rallado, dándole unos toques para que se adhiera. Ponerlo en una bandeja pulverizada con aceite y hornear en la rejilla de encima del boniato durante los últimos 20 minutos.

3 Verter los garbanzos con el líquido de la conserva en el vaso de la batidora y añadir la pasta de curri y 200 ml de agua. Exprimir el zumo de 1 limón y triturar. Verter en un cazo a fuego medio y cocinarlo durante 10 minutos o hasta que haya espesado, removiendo de vez en cuando, y sazonar al gusto.

4 Cocinar los guisantes en un cazo de agua hirviendo con sal durante 2 minutos; mientras, deshojar la menta y cortar finas las hojas. Escurrir los guisantes, mezclarlos con la menta y sazonar al gusto. Cortar en rodajitas los pepinillos (yo suelo usar un cuchillo de corte ondulado).

5 Servir todo junto, con cuñas de limón y los condimentos que se quieran.

Y EN FREIDORA DE AIRE...

Cocinar el boniato en la cubeta grande de la air fryer durante 20 minutos a 200 °C, o hasta que esté dorado y bien cocido, sacudiendo la cubeta a media cocción. Cocinar el pescado en la cubeta pequeña 10 minutos a 200 °C o hasta que esté dorado y bien hecho.

Pastel de pescado con alubias

Un pescado relleno de espinacas y aromáticas hierbas y envuelto en una fina masa: buenísimo

PARA 4 PERSONAS
45 MINUTOS

320 g de espinacas tiernas

1 manojo de eneldo (20 g)

4 hojas de pasta filo

4 filetes de trucha o salmón (de 130 g cada uno), sin piel ni espinas

2 dientes de ajo

500 g de tomates cherry maduros

2 latas (de 400 g cada una) de alubias blancas, tipo cannellini

2 cucharaditas de mostaza de Dijon

4 cucharadas colmadas de yogur natural

1 limón

1 Precalentar el horno a 180 °C. Poner una cazuela grande poco profunda a fuego medio-alto con una pulverización de aceite de oliva, las espinacas y casi todo el eneldo, tallos incluidos, reservando unas ramitas para decorar. Cocinar durante 10 minutos o hasta que se haya evaporado el líquido, removiendo de vez en cuando. Pasarlo a una tabla de cortar, picarlo fino y sazonar al gusto con sal marina y pimienta negra.

2 Extender 2 hojas de pasta filo de manera que se superpongan en una superficie de trabajo limpia, con los extremos cortos hacia el borde de la superficie. Pulverizar aceite de oliva, disponer las otras 2 hojas encima y pulverizar de nuevo. Disponer 2 filetes de trucha uno al lado del otro, de manera que los extremos más finos se solapen, en el centro de la parte inferior, extender la mezcla de espinacas encima en una capa uniforme y apilar los otros dos filetes encima. Doblar hacia dentro los lados de la pasta filo y enrollarlo para formar un paquete. Ponerlo en una bandeja para horno pulverizada con aceite, pulverizar también generosamente la parte superior del paquete y hornearlo durante 30 minutos o hasta que esté dorado y crujiente.

3 Mientras, pasar un papel de cocina por la sartén para limpiarla. Pulverizar aceite y añadir el ajo pelado y picado fino. Partir por la mitad los tomates, echarlos en la sartén y cocinar a fuego medio durante 5 minutos o hasta que estén tiernos. Verter las alubias, incluido el líquido de la conserva, hervir a fuego lento 5 minutos más o hasta que espese, añadir ½ cucharada de vinagre de vino tinto y sazonar al gusto.

4 Mezclar la mostaza con el yogur y servirlo todo junto, con unas cuñas de limón y el eneldo reservado por encima.

Sopa de pescado con huevos en tostada

Deliciosa y saciante, ofrece todos los elementos del clásico pastel de pescado en forma de sopa

PARA 4 PERSONAS
46 MINUTOS

- 2 cebollas (320 g)
- 2 zanahorias grandes (320 g)
- 2 puerros (320 g)
- 2 patatas (320 g)
- 4 cucharaditas de mostaza inglesa, y un poco más al gusto
- 2 huevos grandes
- 400 g de trozos de pescado congelado variados
- ½ manojo de perejil rizado (15g)
- 4 cucharadas de crema agria
- 4 rebanadas de pan integral de masa madre

1 Poner una cazuela antiadherente grande y honda a fuego alto. Preparar la verdura y echarla en la cazuela en seco a medida que esté lista: pelar y cortar en dados las cebollas y las zanahorias, y limpiar los puerros, partirlos por la mitad a lo largo, lavarlos y picarlos. Entonces, echar en la cazuela 2 cucharadas de aceite de oliva y una pizquita de sal marina y pimienta negra y cocinarlo 10 minutos, removiendo con frecuencia. Poner agua a hervir.

2 Pelar las patatas, cortarlas en dados e incorporarlas a la cazuela con la mostaza, verter 1 litro de agua hirviendo, tapar y hervir 10 minutos. Añadir los huevos y cocerlos 7 minutos (la yema quedará cremosa). Retirar los huevos y ponerlos en agua fría.

3 Agregar el pescado a la cazuela, bajar el fuego y cocer 10 minutos o hasta que esté hecho. Picar fino el perejil (incluidos los tallos) y mezclar la mitad con la crema agria. Tostar el pan. Pelar los huevos y partirlos por la mitad o en cuartos.

4 Chafar parte de la sopa con un pasapurés para darle consistencia cremosa. Sazonar y añadir más mostaza al gusto, incorporar el perejil reservado y regar con un chorrito de aceite de oliva virgen extra, si se desea. Extender la crema agria en las tostadas, coronar con los huevos y servir.

Bollitos de verduras al vapor

Este tipo de bollitos son ideales para compartir y una forma divertida de disfrutar de las verduras

PARA 4 PERSONAS
48 MINUTOS

500 g de harina con levadura, y un poco más para espolvorear

300 ml de leche semidesnatada

3 dientes de ajo

1 trozo de jengibre de 3 cm

4 cebolletas

1 lata (de 225 g) de castañas de agua en rodajas

500 g de espinacas tiernas

2 cucharadas colmadas de salsa hoisin, y un poco más para servir

4 zanahorias (320 g)

20 g de cacahuetes o anacardos tostados sin sal

1 Mezclar la harina, la leche y una pizca de sal marina con un tenedor, y luego con las manos limpias, hasta obtener una masa. Trabajarla en una superficie enharinada, tapar y dejar reposar.

2 Pelar y trocear el ajo y el jengibre con la parte blanca de las cebolletas, reservando la parte verde cortada en rodajitas. Echarlo en una sartén antiadherente grande a fuego alto con 1 cucharada de aceite de oliva. Escurrir las castañas de agua y añadirlas, seguidas de las espinacas, 1 cucharada de vinagre de vino tinto y la salsa hoisin. Reducir durante 10 minutos, removiendo con frecuencia hasta que haya espesado y tenga una textura pegajosa. Pasarlo a la tabla de cortar, picarlo todo bien, sazonar al gusto y dividir en 8 porciones.

3 Formar un rollo con la masa, cortarlo en 8 trozos iguales y, con los dedos y los pulgares, ir girando y estirando cada trozo hasta formar un círculo de 15 cm; debe ser ligeramente más grueso en el centro y fino en los bordes. Poner una porción de relleno en cada círculo e ir llevando hacia el centro los lados opuestos, doblando y pellizcando para sellarlos (se puede usar un poco de agua para ayudar a que se peguen). Limpiar la sartén con papel de cocina, pulverizar aceite e ir colocando los bollitos con la parte sellada hacia abajo.

4 Poner la sartén a fuego medio. En cuanto se oiga un chisporroteo, verter 250 ml de agua alrededor de los bollitos y tapar la sartén. Cocer al vapor 12 minutos. Mientras, cortar las zanahorias en cintas con un pelador. Aliñar con 1 cucharada de vinagre de vino tinto y sazonar al gusto. Picar los frutos secos.

5 Destapar la sartén y seguir cocinando los bollitos hasta que estén crujientes y la base dorada. Abrir los bollos y añadir las zanahorias, las rodajitas verdes de cebolleta, los frutos secos y más salsa hoisin para crear contraste.

Sopa reconfortante de garbanzos

Inspirada en un plato que me encanta, el *aloo gobi*, esta sustanciosa sopa es de lo más reconfortante

PARA 4 PERSONAS
PREPARACIÓN: 15 MINUTOS
COCCIÓN: 25 MINUTOS

1 trozo de jengibre de 4 cm

4 dientes de ajo

2 cebollas (320 g)

1 puñado pequeño de hojas de curri

1 coliflor (800 g)

500 g de patatas

3 cucharadas de la pasta de curri que se prefiera

60 g de crema de coco

2 latas (de 400 g) de garbanzos en conserva

200 g de tomates cherry maduros de colores variados

1 Pelar el jengibre, el ajo y las cebollas, picarlo todo bien y ponerlo en una cazuela antiadherente grande y honda a fuego medio con 1 cucharada de aceite de oliva y las hojas de curri. Desechar las hojas exteriores más marchitas de la coliflor, trocearla entera, tallo incluido, e ir añadiéndolo todo a la cazuela sobre la marcha. Pelar las patatas, cortarlas en dados de 2 cm y echarlas a la cazuela con la pasta de curri. Cocinar 10 minutos, removiendo con frecuencia. Poner agua a hervir.

2 Incorporar la crema de coco y los garbanzos (incluido el líquido de la conserva), junto con 800 ml de agua hirviendo. Tapar y cocinar 25 minutos. Luego, pasar por la batidora la mitad de la sopa, ya sea sacándola al vaso de una batidora o utilizando la batidora de mano en la propia cazuela, y mezclar con el resto para obtener una textura más cremosa. Sazonar al gusto.

3 Servir la sopa en boles. Partir en cuartos los tomates y disponerlos encima. Terminar con un chorrito de aceite de oliva virgen extra, si se desea, antes de devorarla.

Sopa de invierno de calabaza y alubias

Disfruta del ritual de elaborar una sopa. Te encantarán los sabores y texturas que crearás con esta

PARA 4 PERSONAS
50 MINUTOS

- 1 calabaza moscada (1,2 kg)
- 2 zanahorias grandes (320 g)
- 320 g de apio
- 1 nuez moscada entera, para rallar
- 20 g de boletus deshidratados
- 1 litro de caldo de verduras o de pollo
- 4 ramitas de romero
- 2 latas (de 400 g cada una) de alubias pintas tipo borlotti
- 4 rebanadas grandes de pan integral de masa madre
- 40 g de parmesano

1. Pelar la calabaza y quitarle las semillas, pelar las zanahorias y el apio, cortarlo todo en trozos de 2 cm y ponerlos en una cazuela antiadherente grande poco profunda a fuego medio-alto con 2 cucharadas de aceite de oliva. Añadir una pizquita de sal marina y abundante pimienta negra, rallar fina la mitad de la nuez moscada y cocinar 30 minutos, o hasta que esté tierno y empiece a caramelizarse, removiendo de vez en cuando.
2. Mientras, trocear las setas en una jarra grande, cubrirlas con el caldo caliente y dejar que se rehidraten durante 20 minutos.
3. Deshojar el romero en la cazuela, verter las alubias (incluido el líquido de la conserva), y añadir el caldo y las setas, desechando el poso del fondo. Cocer a fuego lento 10 minutos, añadiendo chorritos de agua para diluir la consistencia si fuera necesario, sazonar al gusto y servir en boles calientes.
4. Tostar el pan, rallar el parmesano por encima, disponer las tostadas sobre la sopa y terminar con un toque de aceite de oliva virgen extra, si se desea.

Tarta de filo con verduras aromáticas

Un delicioso homenaje a las verduras, con texturas interesantes y sabores contrastados

PARA 4 PERSONAS
58 MINUTOS

1 cebolla roja (160 g)

1 bulbo grande de hinojo (320 g)

1 berenjena grande (400 g)

2 cucharaditas colmadas de ras el hanout, y un poco más para servir

500 g de tomates maduros

120 g de orejones de albaricoque

1 manojo grande de menta (60 g)

50 g de cuscús integral

125 g de queso feta

6 hojas de pasta filo

1 Precalentar el horno a 180 °C. Poner una cacerola antiadherente grande y poco profunda a fuego medio-alto. Pelar la cebolla, limpiar el hinojo (reservando las hojas superiores, si hubiera), cortar ambos en ocho trozos e ir echándolos en la cacerola sobre la marcha. Cortar la berenjena en rodajas de 2 cm de grosor. Freír todo en seco durante 15 minutos, o hasta que esté asado y adquiera un color oscuro, removiendo con frecuencia. Poner agua a hervir.

2 Echar en la cacerola 2 cucharadas de aceite de oliva y el ras el hanout. Cortar en rodajas los tomates y añadirlos junto con 1 cucharada de vinagre de vino tinto, cocinarlo otros 15 minutos, removiendo de vez en cuando, y apagar el fuego.

3 Mientras, en el vaso de una batidora, poner en remojo los orejones de albaricoque con 220 ml de agua hirviendo durante unos minutos, triturar hasta que esté homogéneo y verterlo en un bol de servir pequeño.

4 Picar gruesas casi todas las hojas de la menta, reservando algunas para decorar, incorporarlas a las verduras y sazonar al gusto. Disponerlo todo en una capa uniforme, esparcir por encima el cuscús y desmigar 100 g de feta. Colocar las hojas de filo encima, pulverizando aceite entre una y otra y metiendo los bordes con cuidado hacia dentro por los bordes de la cacerola. Hornear durante 20 minutos o hasta que se dore.

5 Darle la vuelta a la tarta con confianza sobre una tabla de cortar, desmigar por encima el resto del feta y decorar con las hojas de menta e hinojo reservadas. A la hora de servir, regar con la salsa de albaricoque y echar un poco más de ras el hanout, si se quiere. Está rico acompañado de una ensalada sencilla.

Sopa de risotto de champiñones

Al añadir arroz de risotto a una sopa de champiñones se consigue una sopa divertida y reconfortante

PARA 4 PERSONAS
1 HORA

2 cebollas (320 g)

4 zanahorias (320 g)

320 g de apio

500 g de champiñones portobello

4 dientes de ajo

300 g de arroz para risotto

2 litros de caldo de verduras

4 ramitas de tomillo, a poder ser en flor

1 limón

50 g de parmesano

1 Pelar y picar las cebollas, las zanahorias y el apio, y echarlos sobre la marcha en una cacerola grande a fuego medio-alto con 2 cucharadas de aceite de oliva. Limpiar los champiñones, cortarlos en rodajas finas y añadirlos también, reservando algunos cortes transversales para decorar. Luego, pelar el ajo, picarlo bien y añadirlo. Cocinarlo 20 minutos o hasta que todo esté tierno, removiendo con frecuencia.

2 Incorporar el arroz en la cacerola y verter los 2 litros de caldo caliente. Cocinar a fuego lento durante 20 minutos o hasta que el arroz esté cocido, removiendo de vez en cuando.

3 Mientras, poner las hojas del tomillo en un mortero con una pizquita de sal marina, machacar hasta obtener una pasta y diluirla con 3 cucharadas de aceite de oliva virgen extra y el zumo del limón para obtener un aceite aromatizado.

4 La sopa se puede dejar con tropezones o bien triturar una parte, removiendo después para obtener una textura más cremosa. Rallar casi todo el parmesano e incorporarlo, sazonar al gusto y servir en boles calientes. Echar por encima las rodajitas de champiñón reservadas y el resto del parmesano en virutas, rematar con un chorrito del aceite de tomillo y decorar con unas flores de tomillo, si se tienen.

Sublime risotto de calabaza

Preparar un risotto es un ritual mágico: una gozada tanto elaborarlo como comerlo

PARA 4 PERSONAS
1 HORA

1 calabaza moscada (1,2 kg)

1 pizca de copos de guindilla roja seca

2 cebollas (320 g)

320 g de apio

1,6 litro de caldo de verduras o de pollo

½ manojo de romero (10 g)

300 g de arroz para risotto

30 g de queso parmesano, y un poco más para servir

180 g de castañas envasadas al vacío

300 g de queso cottage

1 Precalentar el horno a 180 °C. Pelar la calabaza, partirla con cuidado por la mitad a lo largo y retirar las semillas. Cortarla en medias lunas de 3 cm de grosor y ponerlas en una bandeja con 1 cucharada de aceite de oliva, los copos de guindilla y una pizca de sal marina y pimienta negra. Asar durante 50 minutos o hasta que esté tierna y empiece a caramelizarse.

2 Pelar las cebollas y el apio y picarlos bien. Poner el caldo en una cazuela y hervir a fuego lento. En una cazuela grande de paredes altas freír las hojas del romero en 1 cucharada de aceite a fuego medio hasta que estén crujientes. Luego, con una espumadera, pasarlas a un plato, dejando el aceite en la cazuela.

3 Poner en la cazuela la cebolla y el apio y cocinarlos 10 minutos, removiendo con frecuencia. Agregar el arroz, remover durante 2 minutos e incorporar un cucharón de caldo, removiendo constantemente hasta que se absorba antes de añadir otro. Seguir añadiendo cucharones de caldo hasta que el arroz esté tierno pero aún tenga una textura firme (unos 17 minutos).

4 Chafar tres cuartas partes de la calabaza e incorporarla al risotto, rallar fino el parmesano por encima y sazonar al gusto. Tapar y dejar reposar. Mientras, en el vaso de la batidora, triturar las castañas con el queso cottage hasta que esté muy fino, diluyendo la consistencia con chorritos de agua si fuera necesario, y sazonar al gusto.

5 Servir el risotto en platos calientes. Trocear por encima la calabaza restante, echar cucharadas de la crema de castañas y las hojas crujientes de romero y servir con más parmesano rallado, si se desea.

Pastel de pescado feliz

Cremoso, reconfortante y delicioso de verdad. La pregunta es, ¿con huevos o sin?

PARA 6 PERSONAS
PREPARACIÓN: 30 MINUTOS
COCCIÓN: 35 MINUTOS
MÁS REPOSO

1 kg de patatas

1 brócoli grande (480 g)

opcional: 3 huevos grandes

3 puerros (480 g)

2 cucharadas colmadas de harina

2 cucharaditas de la mostaza que se prefiera

600 ml de leche semidesnatada

800 g de trozos de pescado congelado variados

75 g de queso cheddar

1 manojo de cebollino (20 g)

1 limón

1 Precalentar el horno a 180 °C. Pelar las patatas, partiendo por la mitad las más grandes, y cocerlas en una cazuela de agua hirviendo con sal 20 minutos, o hasta que estén tiernas. Limpiar el tallo del brócoli, picarlo fino y reservarlo. Cortar el resto en ramitos y añadirlos a la cazuela junto con los huevos, si se usan, en los últimos 7 minutos. Enfriar los huevos bajo un chorro de agua fría. Escurrir las patatas y el brócoli y dejar que la humedad se evapore.

2 Mientras, limpiar los puerros, partirlos por la mitad a lo largo, lavarlos y cortarlos en juliana. Ponerlos en una cazuela refractaria grande poco profunda a fuego medio con 1 cucharada de aceite de oliva y el tallo picado del brócoli. Sofreír 10 minutos o hasta que esté tierno, removiendo con frecuencia. Echar la harina y la mostaza, y luego incorporar poco a poco la leche. Cocinar a fuego lento 5 minutos, removiendo de vez en cuando, y sazonar al gusto.

3 Añadir los trozos de pescado, seguir cociendo a fuego lento 5 minutos y rallar casi todo el queso. Picar fino el cebollino e incorporarlo casi todo. Pelar los huevos si se usan, partirlos por la mitad, disponerlos en la cazuela y rallar fina por encima la piel del limón.

4 Chafar juntos la patata y el brócoli y dejar un puré liso o con tropezones, según se prefiera. Sazonar al gusto, echar el puré a cucharadas por encima de la cazuela, formar picos en la parte superior con un tenedor para añadir textura, rallar por encima el último trozo de queso y pulverizar aceite. Hornear 35 minutos o hasta que esté dorado y burbujee. Dejar reposar 5 minutos, esparcir por encima el cebollino reservado y servir con cuñas de limón.

Albóndigas al horno

Una apuesta segura como las albóndigas es ideal para incorporar alubias en la dieta

PARA 4 PERSONAS
PREPARACIÓN: 10 MINUTOS
COCCIÓN: 1 HORA

- 1 bulbo grande de hinojo (320 g)
- 2 cebollas rojas (320 g)
- 4 zanahorias (320 g)
- 400 g de alubias blancas, tipo cannellini, en conserva
- 400 g de carne picada de ternera o de cerdo
- 1 cucharadita de orégano seco
- 2 latas (de 400 g) de tomates pera
- 460 g de pimientos rojos asados en conserva
- 1 limón
- 50 g de queso feta

1 Precalentar el horno a 200 °C. Limpiar el hinojo, reservando las hojas superiores, si las hubiera, pelar las cebollas, cortar ambos en cuñas y ponerlos en una fuente honda para el horno (30 x 40 cm). Pelar las zanahorias, partirlas por la mitad y añadirlas. Mezclar con 1 cucharada de aceite de oliva, sazonar con sal marina y pimienta negra y asarlo 40 minutos.

2 Mientras, escurrir las alubias y triturarlas en un robot de cocina. Agregar la carne picada y el orégano, sazonar y procesar hasta que quede bien mezclado. Con las manos limpias y húmedas, dividir en 12 porciones, formar albóndigas con ellas, ponerlas en una sartén antiadherente grande a fuego medio-alto con 2 cucharadas de aceite y freír hasta que se doren por todos los lados.

3 Verter los tomates y los pimientos, incluido el líquido de la conserva, en el robot de cocina (no hace falta limpiarlo antes). Rallar la piel del limón y reservarla, y exprimir el zumo sobre el vaso del robot, sazonar y triturar.

4 Sacar la fuente del horno, verter la salsa de tomate por encima de las verduras y disponer también las albóndigas de manera uniforme. Hornear durante 20 minutos más.

5 En el momento de servir, desmenuzar por encima el feta, esparcir la ralladura de limón y las hojas de hinojo reservadas, y terminar con un toque de aceite de oliva virgen extra si se desea. Está delicioso tal cual o acompañado de una tostada integral, cuscús, arroz o espaguetis.

Y SI PREFIERES VEGETARIANO...

La carne picada vegetal funciona muy bien en lugar de la carne picada de ternera o de cerdo.

Sustancioso guiso de verduras

Este homenaje a las verduras saca el máximo partido de la armonía de sobores y aromas

PARA 4 PERSONAS
PREPARACIÓN: 18 MINUTOS
COCCIÓN: 1 HORA

- 2 cebollas (320 g)
- ½ calabaza moscada (600 g)
- 1 bulbo grande de hinojo (320 g)
- 2 calabacines (320 g)
- 320 g de patatas nuevas
- 3 dientes de ajo
- 120 g de orejones de albaricoque
- 1 cucharada colmada de ras el hanout
- 2 latas (de 400 g) de tomates pera
- 50 g de feta o un queso vegano tierno que se desmigaje

1 Precalentar el horno a 200 °C. Pelar las cebollas y la calabaza, limpiar el hinojo y cortarlo todo en trozos de 2 cm. Poner una cazuela refractaria grande poco profunda a fuego medio con 1 cucharada de aceite de oliva, añadir las verduras cortadas y cocinar durante 15 minutos o hasta que estén tiernas y empiecen a caramelizarse, removiendo con frecuencia.

2 Mientras, cortar los calabacines y las patatas en rodajas muy finas, ya sea con un buen cuchillo o una mandolina (¡usar el protector!). Reservar.

3 Pelar el ajo y picarlo fino. Picar los albaricoques y poner ambos en la cazuela con el ras el hanout. Cocinar y remover durante 2 minutos, y luego agregar los tomates, rompiéndolos con una cuchara. Mezclar bien, sazonar al gusto y apagar el fuego.

4 Disponer las rodajas de patata y calabacín de manera alterna alrededor del borde de la cazuela, encima del guiso, como se ve en la imagen, presionando suavemente para que absorban todos los sabores. Poner la cazuela en el horno y cocinarlo 40 minutos, o hasta que esté espeso y dorado y burbujee. Cuando solo queden un par de minutos, desmenuzar el feta por encima. Está delicioso tal cual, o con una guarnición de arroz o cuscús.

Sopa de alubias y pollo al chipotle

Con un punto de especias cálido y reconfortante, esta sopa llena de verduras es casi más un guiso

PARA 4 PERSONAS
PREPARACIÓN: 20 MINUTOS
COCCIÓN: 1 HORA

- 4 contramuslos grandes de pollo, con piel y sin deshuesar
- 320 g de champiñones
- 2 cebollas rojas (320 g)
- 4 zanahorias (320 g)
- 320 g de apio
- 4 cucharadas de salsa de chile chipotle
- 2 latas (de 400 g) de alubias blancas
- 2 latas (de 400 g) de tomates pera
- 1 aguacate pequeño maduro (160 g)
- 1 lima

1 Poner una cacerola antiadherente grande y poco profunda a fuego medio-alto. Quitar las pieles de los contramuslos y ponerlas en la cacerola para que suelten la grasa. Cuando estén crujientes, sacarlas y reservarlas, dejando la grasa derretida en la cacerola.

2 Sazonar ligeramente los contramuslos y ponerlos en la cacerola hasta que estén dorados. Mientras, limpiar los champiñones, partiendo por la mitad los más grandes, y pelar y picar las cebollas, las zanahorias y el apio, reservando las hojas interiores de color amarillo. Pasar el pollo a una tabla de cortar, echar las verduras en la cacerola y cocinarlas 10 minutos, removiendo con frecuencia.

3 Incorporar la salsa de chile chipotle, devolver el pollo a la cacerola, verter las alubias con el líquido de la conserva, 1 lata de agua y los tomates deshaciéndolos con la cuchara. Tapar y cocer a fuego lento 45 minutos. Remover.

4 Sacar el pollo de la cacerola, desmenuzarlo desechando los huesos, volver a incorporarlo en la sopa, seguir cociendo a fuego lento hasta que alcance la consistencia deseada, y sazonar al gusto.

5 Partir el aguacate por la mitad, desechar el hueso, pelarlo, cortarlo en dados y aliñarlo con zumo de lima. Echar por encima de la sopa junto con las hojas de apio reservadas y desmenuzar la piel reservada del pollo.

EL ÚLTIMO TOQUE

Antes de servir la sopa, me gusta trocear un par de tortillas de maíz y echarlas en la cacerola hasta que se calienten para que queden blanditas y reconfortantes, o calentarlas en la freidora de aire, tostadora o sartén para que queden más crujientes, como picatostes. De ambas maneras queda delicioso.

Pollo asado y patatas melosas

Perfecto para compartir, este es un pollo asado legendario, pero no la típica versión que imaginas...

PARA 6 PERSONAS
1 HORA Y 40 MINUTOS

- 6 cebollas (960 g)
- 10 hojas frescas de laurel
- 1 cabeza de ajos
- 1 pollo entero de 1,5 kg
- 480 g de apionabo
- 100 g de yogur natural
- 2 cucharadas colmadas de mostaza de textura granulada
- 1 limón
- 1,5 kg de patatas nuevas
- 480 g de verduras de hoja verde de temporada, como espinacas, acelgas de colores

1 Precalentar el horno a 180 °C. Pelar las cebollas, cortarlas en juliana fina, mezclar con 5 hojas de laurel, la cabeza de ajos, 2 cucharadas de vinagre de vino tinto y una pizca de pimienta negra, y extenderlo en una fuente honda para el horno. Frotar bien el pollo con 1 cucharada de aceite de oliva y una pizca de sazón, y ponerlo directamente sobre la rejilla del horno, con la fuente de cebollas justo debajo. Asar durante 1 hora 20 minutos o hasta que esté dorado y bien cocido, removiendo las cebollas a media cocción.

2 Trocear las demás hojas de laurel en un mortero, retirar los tallos más duros, machacar con una pizca de sal hasta obtener una pasta e incorporar 1 cucharada de vinagre de vino tinto y 2 cucharadas de aceite de oliva virgen extra.

3 Pelar el apionabo y rallarlo o picarlo en juliana muy fina. Ponerlo en un bol con el yogur y la mostaza, rallar por encima la piel del limón y echar el zumo. Mezclarlo y amasarlo todo bien y sazonar al gusto.

4 Partir por la mitad las patatas más grandes y cocerlas en una cazuela grande de agua hirviendo con sal durante 20 minutos o hasta que estén tiernas. Poner las verduras verdes en un colador, taparlo y cocer al vapor encima de la cazuela de las patatas hasta que se marchiten. Servirlas en un bol. Escurrir las patatas y dejar que la humedad se evapore.

5 Pasar el pollo a una tabla de cortar y dejarlo reposar. Sacar las cebollas melosas. Apretar los dientes de ajo asados sobre la fuente desechando las pieles. Romper un poco las patatas y mezclarlas en la bandeja con las cebollas y el ajo. Servir con el pollo, la ensalada de apionabo y las verduras verdes. Está delicioso rociado con el aceite de laurel.

Ragú de ternera y alubias

Pariente cercano de la adorada boloñesa, este ragú está de rechupete. ¡Para comer, congelar y disfrutar!

PARA 6 PERSONAS
PREPARACIÓN: 40 MINUTOS
COCCIÓN: 1 HORA

- 500 g de carne de ternera picada
- 1 buena pizca de canela molida
- 3 pimientos rojos (480 g)
- 3 cebollas (480 g)
- 3 zanahorias grandes (480 g)
- 240 g de apio
- 6 dientes de ajo
- 2 latas (de 400 g cada una) de alubias pintas tipo borlotti
- 1 lata (de 400 g) de tomates pera
- 1 manojo de perejil (30 g)

1 Poner una cazuela grande y poco profunda a fuego medio-alto con 2 cucharadas de aceite de oliva, la carne picada, la canela y una pizca muy generosa de pimienta negra. Remover con frecuencia. Mientras, quitar las semillas de los pimientos y picarlos finos, y pelar las cebollas, las zanahorias, el apio y el ajo y picarlos bien, e ir echándolo en la cazuela sobre la marcha. Sofreír hasta que todo esté tierno y dorado, removiendo con frecuencia.

2 Agregar 2 cucharadas de vinagre de vino tinto y dejar que se evapore; luego las alubias con el líquido de la conserva. Verter los tomates, rompiéndolos con una cuchara, llenar la lata con agua y echarla, junto con una buena pizca de sal marina. Tapar, llevar a ebullición, bajar el fuego y cocinarlo a fuego lento 1 hora, removiendo de vez en cuando, con la cacerola destapada en los últimos 10 minutos.

3 Con un pasapurés, chafar la mitad del ragú, agregarlo al resto de la salsa para obtener más textura y diluir con agua si fuera necesario. Probar y sazonar al gusto con sal, pimienta y un poco más de vinagre de vino tinto, si se desea.

4 Picar fino el perejil (tallos incluidos) e incorporarlos al ragú. Se puede servir tal cual, acompañado de pasta o arroz, con trozos de pan, para rellenar una patata asada, o usarlo como base para un plato al horno. Se puede hornear inmediatamente o guardarlo en la nevera (hasta 3 días) o en el congelador (hasta 3 meses).

Y SI PREFIERES VEGETARIANO...

Solo tienes que sustituir la ternera por carne picada vegetal y cocinarla a fuego medio en el paso 1.

¡PASA LA PÁGINA SIGUIENTE PARA INSPIRARTE!

Ñoquis de patata

Esparcir por encima **200 g de ñoquis de patata** por persona, pulverizar aceite de oliva y cocinar en el horno o en la freidora de aire a 180 °C hasta que esté bien caliente y dorado y burbujee.

Cintas de chirivía

Con un pelador, cortar una **chirivía** en cintas, disponerlas encima del ragú, pulverizar aceite de oliva, sazonar y cocinar en el horno o en la freidora de aire a 180 °C hasta que esté bien caliente y dorado y burbujee.

Picatostes de pan

Cortar en cuadrados **pan de masa madre con semillas**, disponerlos encima del ragú, pulverizar aceite de oliva y cocinar en el horno o en la freidora de aire a 180 °C hasta que esté bien caliente y dorado y burbujee.

Con pasta filo

Forrar una fuente para el horno con **pasta filo**, añadir el ragú, doblar hacia dentro la pasta, pulverizar aceite de oliva y cocinar en el horno o en la freidora de aire a 180 °C hasta que esté bien caliente y dorado y burbujee.

Dulces más saludables

Helado suave improvisado

Una versión más sana y divertida del helado, refrescante y deliciosa a la vez

PARA 1 PERSONA
5 MINUTOS

50 g de plátano maduro

80 g de fresas congeladas

1 cucharada colmada de yogur griego

1 cucharadita colmada de tahini o crema de cacahuete

1 cucharadita de miel líquida

1 Con antelación, pelar el plátano, cortarlo en rodajas y congelarlo.

2 Una vez congelado, ponerlo en un robot de cocina con las fresas congeladas, el yogur, el tahini o crema de cacahuete y la miel. Triturar hasta que quede homogéneo.

3 Verterlo en un bol frío, rallar por encima una fresa congelada más para decorar, si se desea, y tomar enseguida.

Polos de batido de moras

En casa de los Oliver triunfan los batidos y nos encanta hacer polos con ellos

PARA 6 UNIDADES
8 MINUTOS
MÁS CONGELACIÓN

1 plátano maduro (160 g)

150 g de moras frescas o congeladas

150 g de yogur griego

15 g de semillas de lino molidas

40 g de chocolate negro (70%)

opcional: 15 g de coco rallado

1 Pelar el plátano y ponerlo en el vaso de la batidora con las moras, el yogur y las semillas de lino. Triturar hasta obtener una textura homogénea, repartir en unos moldes para polos e insertar los palos. Congelar durante al menos 6 horas.

2 Partir el chocolate en un bol que resista el calor y derretir o bien al microondas o encima de un cazo con agua hirviendo a fuego lento, sin que el agua toque la base del bol, removiendo de vez en cuando hasta que esté derretido. Si se usa coco, ponerlo en un bol.

3 Sacar los polos del molde y, rápidamente, untar la punta en el chocolate y pasarlo por el coco, si se usa. El chocolate debería endurecerse enseguida, por lo que pueden comerse ya si se quiere. Si no, disponer los polos en una bandeja forrada con papel de horno y devolverlos al congelador para cuando apetezcan.

Pastelitos de zanahoria en taza

En estos sabrosos pastelitos rápidos en taza he recreado los nostálgicos sabores de la tarta de zanahoria

PARA 4 PERSONAS
11 MINUTOS

- 100 g de zanahoria
- 1 plátano pequeño maduro (80 g)
- 30 g de orejones de albaricoque
- 1 trozo de jengibre en almíbar
- 30 g de nueces
- 100 g de harina integral con levadura
- 1 cucharadita de mezcla de especias (pimienta de Jamaica, canela, clavo, nuez moscada y jengibre)
- 1 huevo mediano
- 80 g de yogur griego, y un poco más para servir
- 4 naranjas

1 Engrasar cuatro tacitas que resistan al calor con un poco de aceite de oliva.

2 Lavar la zanahoria, trocearla y ponerla en un robot de cocina. Incorporar el plátano pelado, los orejones, el jengibre, las nueces, la harina, la mezcla de especias, el huevo y el yogur. Rallar la piel de 1 naranja y exprimir su zumo, y triturar lo justo para mezclarlo todo bien.

3 Repartir la mezcla entre las tacitas y cocer al microondas 3 minutos a potencia alta (800 W). Mientras, pelar y cortar el resto de las naranjas en círculos o en gajos.

4 Dejar reposar los pastelitos 1 minuto, rociar por encima un poco del almíbar del jengibre, volcarlos y servir con los gajos de naranja, una cucharada de yogur y un chorrito más del almíbar de jengibre, si se quiere. ¡A disfrutar!

SIN ROBOT DE COCINA

Si no tienes robot de cocina, ralla fina la zanahoria y la piel de 1 naranja, chafa el plátano y corta finos los orejones, el jengibre y las nueces, antes de incorporar el resto de los ingredientes del pastelito.

Vasitos de chocolate con naranja

Cuando solo apetece chocolate, estos vasitos son dulces, intensos, reconfortantes... ¡Deliciosos!

PARA 6 UNIDADES
12 MINUTOS

200 g de dátiles medjool sin hueso

20 g de avellanas escaldadas

300 g de tofu sedoso

4 cucharadas de cacao en polvo

1 naranja

6 cucharadas colmadas de yogur griego o yogur vegetal

fruta de temporada, como naranjas, cerezas, fresas, frambuesas, para servir

1 En un bol, poner los dátiles y echar agua hirviendo justo hasta cubrirlos, dejarlos en remojo 5 minutos y escurrir. Tostar las avellanas en una sartén pequeña hasta que empiecen a dorarse, sacudiendo la sartén de vez en cuando, y machacarlas bien en un mortero.

2 Poner los dátiles en el vaso de una batidora con el tofu y el cacao. Rallar fina la piel de la naranja en el vaso, exprimir el zumo y agregarlo también junto con 1 cubito de hielo, si se tiene, y triturarlo hasta que quede bien homogéneo. Parar varias veces para ir despegándolo de las paredes con una espátula.

3 Verter la mezcla en vasos o tarros pequeños. Se pueden comer directamente o taparlos y guardar en la nevera hasta que se vayan a consumir (hasta 3 días). Servir cada vasito con una cucharada de yogur, unas avellanas molidas y la fruta que se desee.

Corteza de yogur con pretzels y tahini

Utilizar el yogur como base para crear otras delicias es ideal para sacarle partido a este capricho dulce

PARA 10 PORCIONES
12 MINUTOS
MÁS CONGELACIÓN

- 50 g de chocolate negro (70%)
- 1 cucharadita de pasta de vainilla
- 2 cucharadas de miel líquida
- 250 g de yogur natural
- 2 cucharadas de tahini
- 100 g de dátiles medjool sin hueso
- 25 g de pretzels mini

1 Forrar una bandeja de horno de 25 cm x 40 cm con una hoja de papel de horno. Partir el chocolate en un bol que resista el calor y derretir o bien al microondas o encima de un cazo con agua hirviendo a fuego lento, sin que el agua toque la base del bol, removiendo de vez en cuando hasta que esté derretido.

2 Incorporar al yogur la pasta de vainilla y la miel, extenderlo sobre la hoja de papel de horno y crear ondas uniformes de tahini por encima. Picar finos los dátiles y esparcirlos sobre el yogur, desmenuzar también los pretzels y, por último, rociar el chocolate derretido por encima. Congelar durante al menos 2 horas, o hasta que esté sólido.

3 Una vez congelado, partir en porciones y guardarlas en un recipiente hermético en el congelador, donde se conservarán hasta 3 meses... ¡si es que duran tanto!

Gelatinas efervescentes con frutos rojos

Una gelatina perfecta que se deshace en la boca, con burbujitas que estallan en cada bocado

PARA 6 UNIDADES
12 MINUTOS
MÁS REFRIGERACIÓN

- 400 ml de agua de soda
- 500 g de frutos rojos variados, como fresas, arándanos, frambuesas
- 4 hojas de gelatina
- 4 ramitas de menta
- 4 cucharadas de sirope de flor de saúco
- 2 cubitos de hielo
- 18 bizcochos
- 3 naranjas
- 6 cucharadas de yogur griego
- chocolate negro (70%), para acompañar

1 Poner seis vasos o tacitas (de unos 200 ml cada uno) en el congelador para que se enfríen bien y enfriar la soda y los frutos rojos en la nevera.

2 En una jarra, cubrir la gelatina con agua fría y dejar reposar 5 minutos. Mientras, limpiar las fresas, si se usan, partiendo por la mitad o en cuartos las más grandes. Deshojar la menta, cortando en tiras las hojas más grandes, y disponerlas junto con los frutos rojos en los vasos o tacitas.

3 Calentar brevemente el sirope de flor de saúco con 50 ml de agua en un cazo hasta que empiece a burbujear y apagar el fuego. Sacar las hojas de gelatina de la jarra, ponerlas en el cazo y, con unas varillas, batir hasta que se derritan. Luego, echar los cubitos para enfriar la mezcla. Verter también el agua de soda y repartirlo todo entre los vasitos, apretando con cuidado para sumergir la fruta. Dejar que se enfríen en la nevera un mínimo de 6 horas o hasta que cuajen. Lo ideal es que se vea alguna burbuja.

4 Para servir, disponer 3 bizcochos en cada uno de los platos. Rallar por encima las naranjas y exprimir el zumo por encima de los bizcochos para ablandarlos. Con cuidado, sumergir cada molde en un bol con agua hirviendo el tiempo necesario para soltar la gelatina y volcarlo sobre los bizcochos. Coronar con un poco de yogur y rallar o cortar en virutas un poco de chocolate como toque final.

Sándwiches de yogur helado al chocolate

El equilibrio ideal entre acidez, dulzura y una sensación reconfortante, vale la pena tenerlo en el congelador

PARA 16 UNIDADES
13 MINUTOS
MÁS CONGELACIÓN

- 250 g de yogur griego
- 300 g de frambuesas frescas o congeladas
- 4 trozos de jengibre en almíbar
- 20 galletas de avena
- 75 g de chocolate negro (70 %)

1 Para preparar el yogur helado, poner en una batidora el yogur, las frambuesas, el jengibre y 1 cucharada de su almíbar, y triturar hasta que esté homogéneo.

2 Forrar una bandeja de 20 cm x 25 cm con papel de horno y disponer 10 galletas en la base, rompiéndolas para que se adapten a la forma donde sea necesario. Disponer la mezcla de yogur helado por encima, extendiéndola con una espátula para llenar toda la bandeja. Con cuidado, colocar las galletas de avena restantes por encima y congelar durante al menos 3 horas.

3 Partir el chocolate en un bol que resista el calor y derretir o bien al microondas o encima de un cazo con agua hirviendo a fuego lento, sin que el agua toque la base del bol, removiendo de vez en cuando hasta que esté derretido. Sacar la bandeja del congelador, rociar el chocolate derretido por encima, congelar unos minutos más hasta que esté endurecido, levantar el papel para pasarlo a una tabla y cortarlo en 16 porciones. Comer lo que se desee y guardar el resto en el congelador.

VARIACIONES FÁCILES

Esta receta admite los frutos rojos que se prefieran y el resultado será igualmente delicioso.

Bolitas de avena refrigeradas: 2 versiones

Tener estos deliciosos bocados en reserva es una estrategia estupenda para comer saludable

PARA 20 UNIDADES CADA RECETA | 13 MINUTOS

Almendra, albaricoque y chocolate

- 100 g de chocolate negro (70%)
- 100 g de orejones de albaricoque
- 100 g de almendras fileteadas tostadas
- 100 g de copos de avena
- 100 g de dátiles blandos sin hueso
- 1 cucharada de cacao en polvo, para rebozar

Partir el chocolate en un robot de cocina y triturarlo junto con todos los demás ingredientes, excepto el cacao en polvo, hasta que empiece a tomar cuerpo. Dividir en 20 porciones y, con las manos limpias y húmedas, formar bolas con ellas. Echarlas en un bol junto con el cacao en polvo y sacudirlo con cuidado hasta que estén bien rebozadas.

Mango, coco y vainilla

- 100 g de mango deshidratado
- 100 g de coco rallado, y un poco más para rebozar
- 100 g de copos de avena
- 100 g de dátiles blandos sin hueso
- 1 cucharada de pasta de vainilla

En un robot de cocina, triturar todos los ingredientes con 1 cucharada de agua hasta que empiecen a tomar cuerpo. Dividir en 20 porciones y, con las manos limpias y húmedas, formar bolas con ellas. Echarlas en un bol junto con el coco rallado extra y sacudirlo con cuidado hasta que estén bien rebozadas.

Y POR ÚLTIMO...

Poner las bolitas en la nevera o el congelador, ¡y a picar cuando se quiera! Se conservan hasta 1 semana en la nevera o 3 meses en el congelador.

Tartas de filo con fresas

Coloridas y optimistas, estas dulces tartas de fresa son un postre bonito y divertido para compartir

PARA 4 PERSONAS
22 MINUTOS

- 50 g de pistachos sin cáscara y sin sal
- 8 hojas de pasta filo
- 1 naranja
- canela molida
- 400 g de fresas maduras
- 1 cucharada de reducción de vinagre balsámico
- 1 hoja de laurel
- 4 cucharadas de yogur natural
- 1 ramita de menta

1 Precalentar el horno a 200 °C. Machacar un poco los pistachos en un mortero. Pulverizar aceite de oliva en una hoja de filo. Esparcir por encima unos pistachos, rallar un cuarto de la piel de la naranja y añadir una pizca de canela y un poco de pimienta negra (hazme caso). Disponer encima una segunda hoja de filo, arrugarlas a lo largo, como un acordeón, formar una especie de círculo y ponerlo en una bandeja para el horno pulverizada con aceite. Repetir el proceso con las hojas de filo restantes y hornear 10 minutos o hasta que estén doradas y crujientes.

2 Mientras, limpiar las fresas y cortarlas en cuartos. Reservar un par y poner el resto en una sartén a fuego medio-alto. Exprimir por encima la naranja, añadir el vinagre balsámico, el laurel y una pizquita de canela, rallar las fresas reservadas y cocinar a fuego lento 5 minutos o hasta que haya espesado.

3 Emplatar las bases de filo, repartir el yogur en los platos, echar por encima con una cuchara las fresas con el sirope, esparcir los pistachos restantes y decorar con hojas de menta.

Muffins de arándano

Todo el mundo necesita una receta deliciosa, divertida y nutritiva de muffins de arándanos en su vida

PARA 8 UNIDADES
PREPARACIÓN: 8 MINUTOS
COCCIÓN: 20 MINUTOS

1 plátano maduro (160 g)

150 g de harina con levadura

1 cucharadita de levadura en polvo

150 g de yogur natural

2 huevos grandes

2 cucharadas de miel líquida, y un poco más para rociar

1 cucharadita de pasta de vainilla

50 g de copos de avena, y un poco más para decorar

150 g de arándanos

1 Precalentar el horno a 180 °C y forrar un molde para magdalenas de 8 unidades con moldes de papel.

2 En un robot de cocina, triturar el plátano pelado, la harina, la levadura, el yogur, los huevos, la miel, la vainilla, 4 cucharadas de aceite de oliva y una pizquita de sal marina.

3 Incorporar los copos de avena y casi todos los arándanos, y repartir la mezcla entre los moldes. Insertar los arándanos restantes en la parte superior, esparcir unos copos de avena más y pulverizar con un poco de aceite de oliva. Hornear 20 minutos o hasta que al introducir un pincho salga limpio. Dejar enfriar sobre una rejilla, rociar un poco más de miel líquida, si apetece, y a disfrutar.

VARIACIONES FÁCILES

Se pueden utilizar frambuesas o moras y el resultado será igualmente delicioso.

Barritas de proteína

Si te obsesionan las barritas de proteína, estas caseras están ricas y te ahorrarán dinero, además

PARA 16 UNIDADES
PREPARACIÓN: 15 MINUTOS
COCCIÓN: 20 MINUTOS

- 2 plátanos maduros (320 g)
- 250 g de copos de avena
- 150 g de crema de cacahuete crujiente
- 3 cucharadas de sirope de arce
- 50 g de semillas de chía
- 1 pizca de canela molida
- 50 g de dátiles blandos sin hueso
- 50 g de chocolate negro (70 %)

1 Precalentar el horno a 180 °C. Engrasar una bandeja de horno pequeña y honda o un molde cuadrado (20 cm x 20 cm) con un poco de aceite de oliva y forrarlo con papel de horno.

2 En un bol, pelar y chafar los plátanos. Agregar la avena, la crema de cacahuete, el sirope de arce, la chía y la canela. Picar finos los dátiles, añadirlos y mezclarlo todo bien.

3 Pasarlo al molde forrado, aplastarlo para formar una capa uniforme y hacer unos cortes ligeros para obtener 16 barritas iguales. Hornear durante 20 minutos o hasta que esté dorado.

4 Partir el chocolate en un bol que resista el calor y derretir o bien al microondas o encima de un cazo con agua hirviendo a fuego lento, sin que el agua toque la base del bol, removiendo de vez en cuando hasta que esté derretido, y rociarlo por encima de las barritas. Dejar enfriar antes de cortarlo en porciones. Guardar hasta 1 semana en un recipiente hermético o congeladas hasta 3 meses.

Bizcocho de plátano y almendras

Plátanos y almendras son protagonistas en este delicioso pastel que solo requiere mezclar los ingredientes

PARA 12 PERSONAS
PREPARACIÓN: 11 MINUTOS
COCCIÓN: 45 MINUTOS

- 500 g de plátanos maduros
- 2 huevos grandes
- 250 g de almendra molida
- 1 cucharada de levadura en polvo
- 1 cucharadita de canela molida
- 100 g de yogur natural, y un poco más para acompañar
- 100 ml de sirope de arce, y un poco más para pintar
- 2 cucharaditas de pasta de vainilla

1 Precalentar el horno a 170 °C. Engrasar un molde de base desmontable hondo de 23 cm con aceite de oliva y forrar la base con papel de horno.

2 Poner 350 g de los plátanos pelados en un robot de cocina, cascar los huevos y añadir el resto de los ingredientes. Incorporar 50 ml de aceite de oliva y una pizquita de sal marina, y triturar hasta obtener una textura homogénea. Verter esta mezcla en el molde y distribuirla uniformemente. Cortar en rodajas el plátano restante y disponerlo en la parte superior. Hornear 45 minutos o hasta que al introducir un pincho salga limpio.

3 Sacar del horno, pintar con un poco de sirope de arce y dejar enfriar 10 minutos. Pasar una espátula acodada por el borde del molde, sacar el bizcocho y dejarlo enfriar sobre una rejilla metálica o servir caliente.

LA VERSATILIDAD DE LAS SOBRAS

Cortar el bizcocho en porciones, envolverlas y guardarlas en el congelador para otro día (se conservan hasta 3 meses). ¡Solo hay que descongelar un trozo cuando apetezca y disfrutar!

Bebidas

Aguas frescas infusionadas

Raíces

como jengibre y cúrcuma

Hierbas

como menta y romero

Para estar en plena forma necesitamos agua, ¡y yo voy a ayudarte a hidratarte con estilo! Aquí te ofrezco inspiración para que te diviertas con diferentes infusiones de colores.

En una jarra, solo tienes que poner en infusión la combinación escogida con un poco de agua hirviendo durante 5 minutos. Luego, rellena la jarra con agua fría y unos cuantos cubitos de hielo ¡y a disfrutar!

Frutos rojos

como arándanos y frambuesas

Cítricos

como limón y lima

Impulso matutino

Sorprende y estimula tus sentidos con esta inyección de energía, que convierte el agua de toda la vida en una supermezcla deliciosa y llena de bondades. Ingredientes nutritivos como la pimienta de cayena, la cúrcuma y la canela tienen un alto contenido en hierro para activar el metabolismo, producir glóbulos rojos y transportar oxígeno, además de ayudar a prevenir el cansancio y la fatiga. ¡Es una combinación muy potente!

PARA 6 TAZAS
7 MINUTOS
MÁS CONGELACIÓN

2 ramitas de menta

1 trozo de jengibre de 12 cm

1 cucharadita de pimienta de cayena

1 cucharadita de cúrcuma molida

1 cucharadita de canela molida

4 cucharadas de vinagre de manzana

1 limón

opcional: miel líquida

1 Deshojar la menta y poner las hojas en una cubitera. Pelar el jengibre y rallarlo fino en un bol, añadir todas las especias y el vinagre, exprimir el limón, remover y repartir esta mezcla en la cubitera. Rellenarla con agua y congelar hasta que se vaya a usar.

2 Para beberlo, sacar 1 cubito grande o 3 de tamaño normal de impulso matutino (dependerá del tamaño de la cubitera), ponerlos en una taza y verter agua hirviendo. Endulzar al gusto con un poco de miel, si se quiere, y beber.

Batido de la diosa verde

PARA 1 PERSONA | 4 MINUTOS

Rallar fina la piel de **1 lima** en un robot de cocina y exprimir el zumo. Echar las hojas de **4 ramitas de menta**, añadir **½ plátano pequeño (40 g)**, **40 g de aguacate maduro**, **40 g de espinacas tiernas**, **1 cucharadita colmada de crema de anacardos o la crema de frutos secos que se prefiera** y **100 ml de agua de coco**. Añadir **1 puñado de cubitos de hielo** y triturar hasta que quede homogéneo. Diluir la consistencia con chorritos de agua hasta obtener una textura perfecta para beber. Verter en un vaso o en una botella y tomar.

Batido de frutas del bosque

PARA 1 PERSONA | 4 MINUTOS

Poner **80 g de frutos rojos congelados** (arándanos, moras, frambuesas, fresas... tú eliges) en una batidora con **25 g de arándanos rojos deshidratados**, **10 g de chía**, **30 g de copos de avena**, **1 cucharadita de crema de almendras** y **150 ml de leche semidesnatada o la bebida vegetal enriquecida que se prefiera**. Añadir **1 puñado de cubitos de hielo** y triturar hasta que quede homogéneo. Diluir la consistencia con chorritos de agua hasta obtener una textura perfecta para beber. Verter en un vaso o en una botella y tomar.

Batido de proteínas postentreno

PARA 1 PERSONA | 5 MINUTOS

Pelar **1 plátano pequeño maduro (80 g)** y ponerlo en una batidora con **150 g de queso cottage**, **30 g de copos de avena**, **2 dátiles blandos sin hueso (25 g)**, **1 pizca de cacao en polvo** y **150 ml de leche semidesnatada**. Añadir **1 puñado de cubitos de hielo** y triturar hasta que quede homogéneo. Diluir la consistencia con chorritos de agua hasta obtener una textura perfecta para beber. Verter en un vaso o en una botella y tomar.

Batido de matcha y kéfir

PARA 1 PERSONA | 5 MINUTOS

Poner **1 cucharadita de té matcha de calidad** en una batidora con 65 ml de agua caliente (no hirviendo). Añadir **½ cucharadita de pasta de vainilla** y **175 ml de kéfir o bebida de almendras enriquecida sin azúcar**. Añadir **1 puñado de cubitos de hielo** y triturar hasta que quede homogéneo y haga espuma. Diluir la consistencia con chorritos de agua hasta obtener una textura perfecta para beber. Verter en un vaso o en una botella y tomar.

Espuma de café

PARA 2 PERSONAS | 2 MINUTOS

En un espumador de leche eléctrico o en una jarra (utilizando un espumador de leche manual o unas varillas), batir **1 cucharada de café instantáneo** con 1 cucharada de agua hirviendo y **1 cucharadita de miel líquida** hasta que se formen picos en la espuma. Servir en dos vasos **400 ml de kéfir, leche o la bebida vegetal enriquecida que se prefiera sin azucar** y repartir la espuma de café con una cuchara por encima. Remover para mezclarlo y beber.

Café de Gennaro

PARA 2 PERSONAS | 1 MINUTO, MÁS LA INFUSIÓN

Poner una cafetera pequeña de prensa con **café negro** y dejarlo infusionar o preparar **dos expresos**. Con un pelador, pelar un par de tiras gruesas de **piel de limón o de naranja** y enrollarlas para estimular los aceites naturales. Servir el café en dos vasitos o tazas, y añadir un trozo de piel del cítrico en cada vaso para que infusione el sabor. Endulzar al gusto con **miel líquida, si se quiere**, y beber.

Cocina sostenible y notas sobre cocina

Apostar por la calidad y los productos de temporada

Usar ingredientes de calidad se reflejará en el éxito de las recetas. He intentado reducir al mínimo los ingredientes, lo que es una buena excusa para comprar lo mejor que encuentres, ya sea verduras, carne o pescado. Si compras los productos de temporada, tu comida será más rica y más asequible. En cuanto a las frutas y verduras, lávalas bien antes de empezar a cocinar, sobre todo si las usas crudas. Donde más se nota la calidad es en el pan de masa madre, tomates en lata, queso, alubias y garbanzos, pescado en conserva, aceite de guindilla con sésamo y trozos de cacahuete, crema de cacahuete, sal marina, miel, chocolate negro, cacao en polvo y café.

Hablemos del pescado y el marisco

El pescado y el marisco son una fuente de proteínas deliciosa, pero desde el mismo momento en que se pescan, su calidad empieza a disminuir; por tanto, procura que entre la compra y el consumo transcurra el menor tiempo posible. No aconsejo guardarlos en el frigorífico durante días; en ese caso, es mejor congelarlos (ver página 173). Mi recomendación es planificar las comidas con pescado y marisco en función de los días en los que vas a comprar. Siempre que puedas, elige pescados procedentes de la pesca sostenible certificada (etiqueta azul MSC) o pide consejo en tu pescadería. Ve variando las opciones y escoge pescados de temporada y sostenibles. Si solo encuentras pescado de piscifactoría, busca la etiqueta ASC (pescado de acuicultura responsable certificada), que garantiza que procede de fuentes responsables. Comprarlos en conserva también es una excelente opción, sobre todo los pescados azules.

Carne y huevos

Si se apuesta por comer carne, desde luego abogo por prácticas ganaderas que busquen el bienestar animal, que ofrezcan carne ecológica de animales criados en libertad, en un ambiente sin estrés y que hayan tenido una vida saludable. Como todo en la vida, se paga más por la calidad, pero creo que se pueden incluir cortes baratos de carne en los menús semanales con solo un poco de planificación. Si se opta por consumir otras proteínas de calidad, mis recetas con menos carne o sin carne darán algunas ideas. Es buena idea acudir a la carnicería: traen cortes especiales por encargo y te darán los pesos exactos que necesitas. A menos que sea esencial para una receta, no especifico el tamaño de los huevos. De manera natural, las gallinas ponen huevos de todos los tamaños; para apoyar el bienestar de los animales, busca cartones con tamaños mezclados. En cuanto a los huevos y cualquier alimento que los contenga, como pasta o mayonesa, siempre de corral o ecológicos.

Más lácteos

Los productos lácteos básicos, como la leche, el yogur, el queso cottage y la mantequilla, deben ser ecológicos en la medida de lo posible. A diferencia de la carne, no salen mucho más caros, pero son del todo recomendables. Además, comprando ecológico apuestas por el bienestar de los animales y un mejor cuidado de la tierra.

Sabor al máximo

En este libro uso muchas «bombas de sabor», ingredientes fáciles de conseguir con los que añadir máximo sabor sin perder tiempo. Me gustan las salsas como harissa, miso, gochujang, pesto, tahini y muchas pastas de curri. Entre los ingredientes en salmuera destacan los pimientos rojos asados, jalapeños en conserva, jengibre encurtido, aceitunas y alcaparras. En aceite, las anchoas y las alcachofas. Me gustan las especias y las mezclas de especias como dukkah, curri en polvo, copos de guindilla roja seca, pimentón y canela molida; frutos secos, frutas desecadas y semillas; añadir textura con mezcla de aperitivo Bombay Mix, papadums y tostas crujientes; condimentos más picantes como mostaza, aceites y salsas de guindilla, chutney de mango y lima encurtida, y salsas como hoisin, de soja, de alubias negras y de guindilla dulce. Garantizan el sabor y la textura, educan el paladar y ahorran mucho tiempo de preparación. La mayoría no son perecederos, por lo que no hay prisa por consumirlos enseguida.

La clave: las hierbas aromáticas frescas

Las hierbas frescas son un regalo para cualquier cocinero. En lugar de comprarlas, ¿por qué no las cultivas en el jardín o en una maceta en el alféizar de la ventana? Con ellas se consigue que un sabor sea protagonista sin necesidad de pasarse con la sazón. Además, aportan todo tipo de cualidades nutricionales increíbles (¡qué más se puede pedir!). Sin olvidar las hierbas secas: no son perecederas y es muy práctico tenerlas siempre listas para usar.

Organización del frigorífico

A la hora de organizar la nevera, recuerda que la carne y el pescado crudos deben envolverse bien y colocarse en el estante inferior para evitar la contaminación cruzada. Cualquier alimento que esté listo para comer, tanto cocinado como crudo, debe guardarse en un estante superior.

El congelador es tu mejor aliado

Sin lugar a dudas, un congelador bien abastecido será tu mejor aliado, y aquí recojo algunas reglas básicas para utilizarlo bien. Si cocinas grandes cantidades de comida, recuerda dejarla enfriar antes de congelarla. Divídela en porciones para que se enfríen más rápido y mételas en el congelador antes de que hayan transcurrido 2 horas. Comprueba que todo esté bien envuelto y etiquetado para localizarlo después. Descongélalo en el frigorífico y utilízalo antes de 48 horas. Si has congelado alimentos cocinados, no vuelvas a congelarlos después de haberlos recalentado o descongelado. Desde el punto de vista nutricional, congelar frutas y verduras poco después de recolectarlas conserva el valor nutritivo de forma muy eficiente, superando a menudo a sus equivalentes frescos, que quizá lleven tiempo en la cadena de suministro. En este libro verás que he utilizado verduras y frutas congeladas (¡me encantan!); son prácticas y se consiguen fácilmente.

Horno y freidora de aire

Las recetas se han previsto para hornos con ventilador. Busca en internet las equivalencias para los convencionales, de gas y en grados Fahrenheit. Las recetas con freidora de aire se probaron en cubeta individual (4,2 l) o doble (8,3 l). Los resultados variarán según el modelo.

Unos apuntes del equipo de nutricionistas de Jamie

Nuestro trabajo consiste en comprobar que todas las recetas de Jamie sean creativas y cumplan las pautas que hemos establecido. Cada libro nace de una premisa distinta; la de *Come sano* es ofrecerte recetas para cualquier día de la semana sabiendo que vas a elegir bien, porque el 100 % las puedes preparar cada día según nuestras pautas. Para que puedas elegir con criterio, incluimos la información nutricional de cada receta correspondiente a una porción en las páginas 298 a 303. Queremos inspirar una forma de comer más sostenible, por lo que el 88 % de las recetas son sin carne o con menos carne (es decir, contienen al menos un 30 % menos de carne que una ración normal). La comida es divertida, alegre, creativa. Nos proporciona energía y es crucial para mantener la salud. Recuerda que llevar una dieta nutritiva, variada y equilibrada y hacer ejercicio con regularidad son las claves de un estilo de vida saludable. No clasificamos los alimentos en «buenos» y «malos»; hay cabida para todos. Pero es importante entender la diferencia entre los alimentos nutritivos de consumo diario y los ocasionales. Si deseas más información sobre nuestras pautas y sobre cómo analizamos las recetas, visita la web jamieoliver.com/nutrition.

Rozzie Batchelar. Jefa de Nutrición, RNutr (Alimentación)

Una dieta equilibrada

Cuando hablamos de comer bien, el equilibrio es la clave. Si sabes equilibrar tus comidas y mantener las raciones bajo control, estarás en el camino hacia la buena salud. Es importante consumir una gran variedad de alimentos a fin de disponer de los nutrientes que el cuerpo necesita para estar sano. No es imprescindible ser riguroso cada día; solo hay que perseguir el equilibrio a lo largo de la semana. Como guía general, si la carne y el pescado forman parte de tu dieta, en las comidas principales debes incluir como mínimo dos porciones de pescado a la semana (uno de pescado azul), y en el resto, verduras, algo de ave de corral y carne roja. Una dieta vegetariana estricta también puede ser perfectamente sana.

Qué es el equilibrio

La guía Eatwell del Gobierno del Reino Unido muestra cómo debería ser una dieta saludable y equilibrada. En esta tabla encontrarás los porcentajes de cada grupo de alimentos que deberías comer en un día.

LOS CINCO GRUPOS DE ALIMENTOS	PORCENTAJE
Verduras y frutas	40 %
Carbohidratos complejos (pan, arroz, patatas, pasta)	38 %
Proteínas (carne magra, pescado, huevos, legumbres, otras fuentes no lácteas)	12 %
Productos lácteos, leche y alternativas a los lácteos	8 %
Grasas no saturadas (como aceites)	1 %
Y NO TE OLVIDES DE BEBER MUCHA AGUA	

Intenta consumir solo ocasionalmente alimentos y bebidas con alto contenido en grasas, sal o azúcar.

Frutas y verduras

Para llevar una vida saludable, las verduras y las frutas deben ocupar un lugar central en tu dieta. Se presentan bajo todo tipo de formas, colores, tamaños, sabores y texturas, y contienen muchas vitaminas y minerales, esenciales para que nuestro cuerpo se mantenga sano, por lo que la variedad es la clave. Mezcla tantas como puedas y que sean de temporada, para asegurarte de que están en su mejor momento y son más nutritivas. El mínimo imprescindible es tomar al menos 5 porciones de verduras y frutas cada día (frescas, congeladas o enlatadas) y aumentar esta cantidad siempre que sea posible. Se considera una porción 80 g o un puñado grande. También cuentan como una de esas 5 porciones 30 g de fruta deshidratada, 80 g de legumbres o 150 ml de zumo de verdura o fruta, sin azúcar añadido, al día.

Carbohidratos complejos

Nos proporcionan buena parte de la energía necesaria para movernos y para dar a nuestros órganos el combustible que precisan para funcionar. De ser posible, opta por variedades integrales, más ricas en fibra. Para un adulto medio se recomiendan 260 g de carbohidratos al día; un máximo de 90 g pueden proceder de azúcares totales, como los azúcares naturales de las frutas enteras, la leche y los productos lácteos; y un máximo de 30 g de azúcares libres, que son los que se añaden a los alimentos y bebidas, y también el azúcar de la miel, los siropes, los zumos y los batidos de frutas. La fibra también se considera un carbohidrato y se encuentra principalmente en los alimentos de origen vegetal, como los cereales integrales, las frutas y las verduras; ayuda a mantener sano el sistema digestivo y a controlar el nivel de azúcar y colesterol en la sangre. Los adultos deben ingerir 30 g de fibra al día como mínimo.

Proteínas

Son los ladrillos que componen nuestro cuerpo, y se utilizan para desarrollarlo y repararlo. Procura que tus proteínas sean variadas e incluyan más legumbres y dos raciones de pescado de origen sostenible a la semana (una de ellas pescado azul). En cuanto a la carne, elige cortes magros y reduce el consumo de carnes rojas y procesadas. Las alubias, los guisantes y las lentejas son excelentes alternativas a la carne porque son naturalmente bajos en grasa y, además de proteínas, contienen fibra y algunas vitaminas y minerales. Otras fuentes de proteína nutritivas son el tofu, los huevos, los frutos secos y las semillas. ¡La clave está en la variedad! La cantidad óptima en personas de 19 a 50 años es de 45 g al día para las mujeres y 55 g para los hombres.

Lácteos, leche y sus alternativas

Aportan una gran variedad de nutrientes, pero deben consumirse en las cantidades adecuadas. Es mejor optar por la leche, el yogur y pequeñas cantidades de queso, todo orgánico. Las variedades de bajo contenido en grasa (sin azúcar añadido) también son buenas alternativas. Si se eligen las versiones de origen vegetal, se recomiendan las opciones enriquecidas y sin azúcar añadido, con calcio, yodo y vitamina B12 en la lista de ingredientes, para no perder los nutrientes clave que aportan los lácteos.

Grasas no saturadas

Se necesitan en pequeñas cantidades, pero tienen que ser saludables. Si es posible, procedentes de fuentes no saturadas, como aceites de oliva y vegetales, frutos secos, semillas, aguacate y pescado azul rico en omega-3. En general, se recomienda que una mujer media no tome más de 70 g de grasa al día (de los que menos de 20 g pueden ser saturadas) y un hombre medio, no más de 90 g (menos de 30 g de saturadas).

Bebe agua abundante

Para rendir al máximo, debes mantener la hidratación. ¡El agua es esencial para la vida y para todas las funciones del cuerpo humano! En general, con más de 14 años se necesitan al menos 2 litros al día en el caso de las mujeres y al menos 2,5 litros al día para los hombres.

Información calórica y nutricional

Una mujer media necesita 2000 calorías al día, unas 2500 en el caso de los hombres. Estas cifras son solo una guía, pues lo que ingerimos debe determinarlo la edad, la constitución, el estilo de vida y el nivel de actividad.

Nutrición

Shredded Wheat rosa
PÁGINA **34**

CALORÍAS	GRASAS	GR. SAT.	PROTEÍNAS	CARBOH.	AZÚCAR	SAL	FIBRA
362 kcal	17,8 g	1,5 g	13 g	42,2 g	5,1 g	0,2 g	9,1 g

Muesli suizo rápido
PÁGINA **34**

CALORÍAS	GRASAS	GR. SAT.	PROTEÍNAS	CARBOH.	AZÚCAR	SAL	FIBRA
286 kcal	6,9 g	2,2 g	11,6 g	46,6 g	22,4 g	0,4 g	9,7 g

Avena con plátano y frutos secos
PÁGINA **34**

CALORÍAS	GRASAS	GR. SAT.	PROTEÍNAS	CARBOH.	AZÚCAR	SAL	FIBRA
319 kcal	9,8 g	1,9 g	10,5 g	47 g	23,4 g	0,3 g	4,1 g

Muesli de piña colada
PÁGINA **34**

CALORÍAS	GRASAS	GR. SAT.	PROTEÍNAS	CARBOH.	AZÚCAR	SAL	FIBRA
294 kcal	6,5 g	3,2 g	6,9 g	91,2 g	16,1 g	0,3 g	6 g

Tostadas en 5 minutos (opción A)
PÁGINA **36**

CALORÍAS	GRASAS	GR. SAT.	PROTEÍNAS	CARBOH.	AZÚCAR	SAL	FIBRA
326 kcal	18 g	1,6 g	12,2 g	26,4 g	11,4 g	0,4 g	8,1 g

Macedonia rallada
PÁGINA **38**

CALORÍAS	GRASAS	GR. SAT.	PROTEÍNAS	CARBOH.	AZÚCAR	SAL	FIBRA
344 kcal	9,2 g	3,9 g	7,6 g	61,9 g	57,9 g	0,1 g	6,9 g

Porridge helado
PÁGINA **40**

CALORÍAS	GRASAS	GR. SAT.	PROTEÍNAS	CARBOH.	AZÚCAR	SAL	FIBRA
400 kcal	12,5 g	3 g	12,4 g	63,3 g	25,6 g	0 g	4,3 g

Tortilla de salmón ahumado y centeno
PÁGINA **42**

CALORÍAS	GRASAS	GR. SAT.	PROTEÍNAS	CARBOH.	AZÚCAR	SAL	FIBRA
380 kcal	18,4 g	5,3 g	33,5 g	20,5 g	3,7 g	1,8 g	4,3 g

Manzana asada rápida
PÁGINA **44**

CALORÍAS	GRASAS	GR. SAT.	PROTEÍNAS	CARBOH.	AZÚCAR	SAL	FIBRA
264 kcal	14,7 g	4 g	6,4 g	28,6 g	26,7 g	0 g	2,1 g

Receta base de avena nocturna
PÁGINA **46**

CALORÍAS	GRASAS	GR. SAT.	PROTEÍNAS	CARBOH.	AZÚCAR	SAL	FIBRA
311 kcal	6,1 g	1,9 g	10,2 g	57,5 g	21 g	0,1 g	5,4 g

Huevos con pimiento y tofu picante
PÁGINA **50**

CALORÍAS	GRASAS	GR. SAT.	PROTEÍNAS	CARBOH.	AZÚCAR	SAL	FIBRA
274 kcal	18 g	3,9 g	23,6 g	5,1 g	4 g	1 g	2,1 g

Tostada con frutos rojos y queso dorado
PÁGINA **52**

CALORÍAS	GRASAS	GR. SAT.	PROTEÍNAS	CARBOH.	AZÚCAR	SAL	FIBRA
330 kcal	15,1 g	6 g	11,7 g	37,1 g	20,9 g	0,8 g	3 g

Huevos escalfados con dukkah
PÁGINA **54**

CALORÍAS	GRASAS	GR. SAT.	PROTEÍNAS	CARBOH.	AZÚCAR	SAL	FIBRA
398 kcal	18,8 g	4 g	18,3 g	39,2 g	11,1 g	1,4 g	9 g

Tostada con crema de plátano y fruta
PÁGINA **56**

CALORÍAS	GRASAS	GR. SAT.	PROTEÍNAS	CARBOH.	AZÚCAR	SAL	FIBRA
389 kcal	13,8 g	4 g	13,8 g	53,1 g	30,7 g	0,7 g	5,5 g

Tortitas con taza (versión dulce)
PÁGINA **58**

CALORÍAS	GRASAS	GR. SAT.	PROTEÍNAS	CARBOH.	AZÚCAR	SAL	FIBRA
174 kcal	3,5 g	1,1 g	9,5 g	25,1 g	3,9 g	0,1 g	3,4 g

Tostada con queso y alubias
PÁGINA **62**

CALORÍAS	GRASAS	GR. SAT.	PROTEÍNAS	CARBOH.	AZÚCAR	SAL	FIBRA
400 kcal	13,9 g	6 g	20,9 g	48,4 g	16,1 g	0,8 g	10,1 g

Rollitos fáciles de filo y huevo
PÁGINA **64**

CALORÍAS	GRASAS	GR. SAT.	PROTEÍNAS	CARBOH.	AZÚCAR	SAL	FIBRA
400 kcal	17,1 g	4,8 g	22,5 g	42,3 g	11,3 g	1,6 g	11,3 g

Copas de fruta con granola
PÁGINA **66**

CALORÍAS	GRASAS	GR. SAT.	PROTEÍNAS	CARBOH.	AZÚCAR	SAL	FIBRA
245 kcal	11 g	1,7 g	6,1 g	33,1 g	17,9 g	0,1 g	3,6 g

Panecillos de proteínas para varios días
PÁGINA **68**

CALORÍAS	GRASAS	GR. SAT.	PROTEÍNAS	CARBOH.	AZÚCAR	SAL	FIBRA
358 kcal	11,9 g	2,9 g	17,4 g	48,5 g	3,3 g	0,5 g	6,6 g

Cóctel de gambas para uno
PÁGINA **72**

CALORÍAS	GRASAS	GR. SAT.	PROTEÍNAS	CARBOH.	AZÚCAR	SAL	FIBRA
334 kcal	7 g	3,4 g	36 g	36 g	24,7 g	1,8 g	4,6 g

Kedgeree rápido PÁGINA 74

CALORÍAS	GRASAS	GR. SAT.	PROTEÍNAS	CARBOH.	AZÚCAR	SAL	FIBRA
598 kcal	26,2 g	5,1 g	41,6 g	50,2 g	8,7 g	1,6 g	12,2 g

Ensalada cremosa de col y nueces PÁGINA 76

CALORÍAS	GRASAS	GR. SAT.	PROTEÍNAS	CARBOH.	AZÚCAR	SAL	FIBRA
438 kcal	23,8 g	4,3 g	7,4 g	48,6 g	42,6 g	1,2 g	14,1 g

Ensalada templada de lentejas PÁGINA 78

CALORÍAS	GRASAS	GR. SAT.	PROTEÍNAS	CARBOH.	AZÚCAR	SAL	FIBRA
344 kcal	18,1 g	4,7 g	13,1 g	32,7 g	15,7 g	0,6 g	10,2 g

Plato de atún con harissa PÁGINA 80

CALORÍAS	GRASAS	GR. SAT.	PROTEÍNAS	CARBOH.	AZÚCAR	SAL	FIBRA
427 kcal	17,7 g	6 g	20,7 g	49,4 g	11,3 g	1,8 g	10 g

Ensalada de cereales y huevos fritos al curri PÁGINA 82

CALORÍAS	GRASAS	GR. SAT.	PROTEÍNAS	CARBOH.	AZÚCAR	SAL	FIBRA
499 kcal	21,5 g	4,8 g	22 g	54,2 g	14,5 g	1,8 g	8,1 g

Tortilla sedosa rápida PÁGINA 84

CALORÍAS	GRASAS	GR. SAT.	PROTEÍNAS	CARBOH.	AZÚCAR	SAL	FIBRA
462 kcal	18,4 g	6 g	37,1 g	30,3 g	5 g	0,9 g	18,1 g

Ensalada de fideos y langostinos PÁGINA 86

CALORÍAS	GRASAS	GR. SAT.	PROTEÍNAS	CARBOH.	AZÚCAR	SAL	FIBRA
358 kcal	2,9 g	0,4 g	23,1 g	61 g	21,4 g	1,2 g	4,3 g

Wrap de sardina crujiente y aguacate PÁGINA 88

CALORÍAS	GRASAS	GR. SAT.	PROTEÍNAS	CARBOH.	AZÚCAR	SAL	FIBRA
500 kcal	26,9 g	5,6 g	25,8 g	37,2 g	10,1 g	1,6 g	7,6 g

Ensalada arcoíris picada PÁGINA 90

CALORÍAS	GRASAS	GR. SAT.	PROT.	CARBOH.	AZÚCAR	SAL	FIBRA
539 kcal	26,2 g	4,4 g	12,2 g	66,6 g	45,6 g	1,2 g	11,8 g

Ensalada de salmón, remolacha y patata PÁGINA 92

CALORÍAS	GRASAS	GR. SAT.	PROT.	CARBOH.	AZÚCAR	SAL	FIBRA
546 kcal	24,1 g	4,2 g	30,2 g	51,7 g	17,4 g	1,6 g	8,3 g

Tostada de sardinas y ensalada de tomate PÁGINA 94

CALORÍAS	GRASAS	GR. SAT.	PROTEÍNAS	CARBOH.	AZÚCAR	SAL	FIBRA
491 kcal	20 g	3,5 g	24,1 g	49,3 g	18,4 g	1,5 g	14,3 g

Ensalada a tiras con sésamo y miso PÁGINA 96

CALORÍAS	GRASAS	GR. SAT.	PROTEÍNAS	CARBOH.	AZÚCAR	SAL	FIBRA
290 kcal	18,6 g	2,7 g	9 g	23,8 g	16,8 g	0,5 g	9,4 g

Wrap con verduras y humus de alubias negras PÁGINA 98

CALORÍAS	GRASAS	GR. SAT.	PROTEÍNAS	CARBOH.	AZÚCAR	SAL	FIBRA
463 kcal	20,7 g	6 g	19,2 g	41,8 g	6,2 g	1 g	18,6 g

Tortilla esponjosa con verduras de primavera PÁGINA 102

CALORÍAS	GRASAS	GR. SAT.	PROTEÍNAS	CARBOH.	AZÚCAR	SAL	FIBRA
430 kcal	18,2 g	5,1 g	29,2 g	37,2 g	5,8 g	1,5 g	9,3 g

Gazpacho de zanahoria PÁGINA 104

CALORÍAS	GRASAS	GR. SAT.	PROTEÍNAS	CARBOH.	AZÚCAR	SAL	FIBRA
413 kcal	14,9 g	3,7 g	14,6 g	56,8 g	26 g	1,6 g	8,9 g

Ensalada templada de guisantes y feta con huevo PÁGINA 106

CALORÍAS	GRASAS	GR. SAT.	PROTEÍNAS	CARBOH.	AZÚCAR	SAL	FIBRA
474 kcal	17,1 g	5,9 g	26,7 g	58,4 g	8,4 g	1,6 g	7,4 g

Arroz con caballa crujiente y huevos a la soja PÁGINA 108

CALORÍAS	GRASAS	GR. SAT.	PROTEÍNAS	CARBOH.	AZÚCAR	SAL	FIBRA
508 kcal	23,4 g	5,5 g	32,9 g	41,8 g	5,1 g	1,8 g	12,2 g

Arrabbiata de garbanzos PÁGINA 110

CALORÍAS	GRASAS	GR. SAT.	PROTEÍNAS	CARBOH.	AZÚCAR	SAL	FIBRA
411 kcal	15,7 g	5,5 g	18,4 g	46,9 g	10,4 g	0,6 g	4,4 g

Huevos con anchoas y alubias crujientes PÁGINA 112

CALORÍAS	GRASAS	GR. SAT.	PROTEÍNAS	CARBOH.	AZÚCAR	SAL	FIBRA
375 kcal	21,1 g	5,6 g	25,1 g	23,5 g	6,4 g	1 g	8,8 g

Ensalada aplastada PÁGINA 114

CALORÍAS	GRASAS	GR. SAT.	PROTEÍNAS	CARBOH.	AZÚCAR	SAL	FIBRA
335 kcal	19,9 g	4,5 g	9,4 g	31,2 g	25,1 g	0,8 g	9,2 g

Ensalada de feta y garbanzos al orégano PÁGINA 116

CALORÍAS	GRASAS	GR. SAT.	PROTEÍNAS	CARBOH.	AZÚCAR	SAL	FIBRA
554 kcal	15,2 g	4,5 g	24,1 g	84,5 g	7,7 g	0,9 g	16,1 g

Tarritos de arroz y huevo al curri PÁGINA 118

CALORÍAS	GRASAS	GR. SAT.	PROTEÍNAS	CARBOH.	AZÚCAR	SAL	FIBRA
599 kcal	23,2 g	5,8 g	32,7 g	66,5 g	10,2 g	1,2 g	14,1 g

Pasta con atún y brócoli PÁGINA 120

CALORÍAS	GRASAS	GR. SAT.	PROTEÍNAS	CARBOH.	AZÚCAR	SAL	FIBRA
464 kcal	19,7 g	2,9 g	23,1 g	47 g	6,8 g	1,7 g	7,9 g

Tortilla de alubias negras y aguacate PÁGINA 122

CALORÍAS	GRASAS	GR. SAT.	PROTEÍNAS	CARBOH.	AZÚCAR	SAL	FIBRA
448 kcal	22,3 g	6 g	27,8 g	28,5 g	5,6 g	1,1 g	16,5 g

Tortitas de zanahoria y boniato PÁGINA 124

CALORÍAS	GRASAS	GR. SAT.	PROTEÍNAS	CARBOH.	AZÚCAR	SAL	FIBRA
600 kcal	18,6 g	5,1 g	30 g	84 g	9,2 g	1,7 g	14,3 g

Hamburguesas de caballa crujiente PÁGINA 126

CALORÍAS	GRASAS	GR. SAT.	PROTEÍNAS	CARBOH.	AZÚCAR	SAL	FIBRA
466 kcal	21,3 g	5,5 g	25,4 g	42,1 g	18,6 g	1,7 g	7,8 g

Smash burger en pan plano PÁGINA 130

CALORÍAS	GRASAS	GR. SAT.	PROTEÍNAS	CARBOH.	AZÚCAR	SAL	FIBRA
553 kcal	20,8 g	5,9 g	35 g	55,4 g	5,5 g	1,6 g	7,6 g

Salteado superverde PÁGINA 132

CALORÍAS	GRASAS	GR. SAT.	PROTEÍNAS	CARBOH.	AZÚCAR	SAL	FIBRA
358 kcal	9,1 g	2 g	23,6 g	53,1 g	26,9 g	0,6 g	14,3 g

Curri fácil de langostinos PÁGINA 134

CALORÍAS	GRASAS	GR. SAT.	PROTEÍNAS	CARBOH.	AZÚCAR	SAL	FIBRA
600 kcal	17,8 g	6 g	30,9 g	79,5 g	27,7 g	1,2 g	14,4 g

Pollo cremoso con cacahuetes PÁGINA 136

CALORÍAS	GRASAS	GR. SAT.	PROTEÍNAS	CARBOH.	AZÚCAR	SAL	FIBRA
542 kcal	19,8 g	4,9 g	48,5 g	44,9 g	34,5 g	1,7 g	6 g

Langostinos agridulces PÁGINA 138

CALORÍAS	GRASAS	GR. SAT.	PROTEÍNAS	CARBOH.	AZÚCAR	SAL	FIBRA
452 kcal	2,4 g	0,1 g	29,2 g	76,6 g	22,8 g	1,8 g	7,3 g

Curri de pescado al estilo tailandés PÁGINA 140

CALORÍAS	GRASAS	GR. SAT.	PROTEÍNAS	CARBOH.	AZÚCAR	SAL	FIBRA
447 kcal	11,6 g	5,7 g	32,4 g	53,6 g	6,8 g	0,6 g	5,4 g

Megamix de verduras verdes PÁGINA 142

CALORÍAS	GRASAS	GR. SAT.	PROTEÍNAS	CARBOH.	AZÚCAR	SAL	FIBRA
302 kcal	8,1 g	1,1 g	26,8 g	34,8 g	20,6 g	1,4 g	17,7 g

Fideos con setas y tahini PÁGINA 144

CALORÍAS	GRASAS	GR. SAT.	PROTEÍNAS	CARBOH.	AZÚCAR	SAL	FIBRA
445 kcal	17,8 g	2,2 g	23,2 g	47,1 g	6,8 g	1,8 g	10,4 g

Ensalada mexicana asada PÁGINA 146

CALORÍAS	GRASAS	GR. SAT.	PROTEÍNAS	CARBOH.	AZÚCAR	SAL	FIBRA
423 kcal	21,6 g	5,9 g	17,3 g	39,8 g	20,8 g	0,5 g	15,8 g

Cuscús sabroso con salmón PÁGINA 148

CALORÍAS	GRASAS	GR. SAT.	PROTEÍNAS	CARBOH.	AZÚCAR	SAL	FIBRA
587 kcal	18,1 g	3,7 g	44,3 g	65,1 g	6,7 g	0,8 g	7,4 g

Caldo con cerdo crujiente y fideos PÁGINA 150

CALORÍAS	GRASAS	GR. SAT.	PROTEÍNAS	CARBOH.	AZÚCAR	SAL	FIBRA
558 kcal	24,6 g	5,5 g	38,6 g	44 g	2,4 g	1,3 g	7,6 g

Alubias negras con tofu sedoso PÁGINA 152

CALORÍAS	GRASAS	GR. SAT.	PROT.	CARBOH.	AZÚCAR	SAL	FIBRA
435 kcal	22,1 g	3,3 g	28,8 g	26,2 g	10,1 g	0,9 g	15,1 g

Fajitas de pollo PÁGINA 154

CALORÍAS	GRASAS	GR. SAT.	PROTEÍNAS	CARBOH.	AZÚCAR	SAL	FIBRA
538 kcal	15,8 g	4,5 g	46,1 g	52,4 g	24,4 g	1,3 g	8,3 g

Bol de kimchi con atún a la plancha PÁGINA 156

CALORÍAS	GRASAS	GR. SAT.	PROTEÍNAS	CARBOH.	AZÚCAR	SAL	FIBRA
533 kcal	15,4 g	3,8 g	48,8 g	48,8 g	9,2 g	1,8 g	12,7 g

Pollo con tahini al limón y cereales PÁGINA 158

CALORÍAS	GRASAS	GR. SAT.	PROTEÍNAS	CARBOH.	AZÚCAR	SAL	FIBRA
577 kcal	15,4 g	3,3 g	54 g	49,9 g	5,4 g	1,1 g	15,9 g

Pollo dorado con arroz y pimientos PÁGINA 160

CALORÍAS	GRASAS	GR. SAT.	PROTEÍNAS	CARBOH.	AZÚCAR	SAL	FIBRA
581 kcal	22,2 g	5,2 g	49,4 g	45,2 g	6,2 g	1,8 g	10,7 g

Ternera crujiente con alubias negras PÁGINA 162

CALORÍAS	GRASAS	GR. SAT.	PROTEÍNAS	CARBOH.	AZÚCAR	SAL	FIBRA
600 kcal	19,4 g	5,9 g	47 g	58,9 g	10,9 g	1,4 g	8,8 g

Bocados de lechuga con ensalada de pollo PÁGINA 164

CALORÍAS	GRASAS	GR. SAT.	PROTEÍNAS	CARBOH.	AZÚCAR	SAL	FIBRA
406 kcal	4 g	1,1 g	41 g	52,1 g	28,6 g	0,9 g	6,4 g

Ensalada de solomillo y berenjena melosa PÁGINA 166

CALORÍAS	GRASAS	GR. SAT.	PROTEÍNAS	CARBOH.	AZÚCAR	SAL	FIBRA
459 kcal	13,9 g	5,8 g	28,9 g	55,7 g	8,8 g	1,2 g	7,1 g

Albóndigas de pollo en caldo arcoíris PÁGINA 168

CALORÍAS	GRASAS	GR. SAT.	PROTEÍNAS	CARBOH.	AZÚCAR	SAL	FIBRA
279 kcal	5,9 g	1,1 g	22,9 g	26,1 g	5,1 g	1,3 g	4,7 g

Ensalada con tortitas de lentejas y espinacas PÁGINA 170

CALORÍAS	GRASAS	GR. SAT.	PROTEÍNAS	CARBOH.	AZÚCAR	SAL	FIBRA
505 kcal	21,3 g	6 g	30,2 g	50,6 g	6,7 g	1,7 g	3,4 g

Arroz con salmón a la plancha PÁGINA 174

CALORÍAS	GRASAS	GR. SAT.	PROTEÍNAS	CARBOH.	AZÚCAR	SAL	FIBRA
562 kcal	23,7 g	4,9 g	40,9 g	45,1 g	7 g	1,6 g	9,8 g

Pollo en leche PÁGINA 176

CALORÍAS	GRASAS	GR. SAT.	PROTEÍNAS	CARBOH.	AZÚCAR	SAL	FIBRA
592 kcal	12 g	5,5 g	58,7 g	64,4 g	22,2 g	1,7 g	4,7 g

Paquetitos crujientes al vapor PÁGINA 178

CALORÍAS	GRASAS	GR. SAT.	PROTEÍNAS	CARBOH.	AZÚCAR	SAL	FIBRA
420 kcal	8,7 g	1,3 g	20 g	55,2 g	15,6 g	1,8 g	4,3 g

Ensalada de pollo con pesto de guisantes PÁGINA 180

CALORÍAS	GRASAS	GR. SAT.	PROTEÍNAS	CARBOH.	AZÚCAR	SAL	FIBRA
515 kcal	23,8 g	5,9 g	56,7 g	19,8 g	6,1 g	1,1 g	10,2 g

Cereales con pollo y arándanos PÁGINA 182

CALORÍAS	GRASAS	GR. SAT.	PROTEÍNAS	CARBOH.	AZÚCAR	SAL	FIBRA
595 kcal	12,7 g	4,7 g	55,8 g	63,3 g	11,2 g	1,3 g	16,6 g

Espaguetis con cangrejo PÁGINA 184

CALORÍAS	GRASAS	GR. SAT.	PROTEÍNAS	CARBOH.	AZÚCAR	SAL	FIBRA
514 kcal	12,8 g	1,9 g	35,3 g	70,1 g	17,4 g	0,9 g	14,4 g

Suculenta ensalada de alubias cremosas PÁGINA 186

CALORÍAS	GRASAS	GR. SAT.	PROTEÍNAS	CARBOH.	AZÚCAR	SAL	FIBRA
596 kcal	31,5 g	6 g	20,5 g	56,8 g	12,2 g	0,9 g	10,1 g

Pescado en agua loca PÁGINA 188

CALORÍAS	GRASAS	GR. SAT.	PROTEÍNAS	CARBOH.	AZÚCAR	SAL	FIBRA
561 kcal	20,3 g	2,8 g	44,8 g	47,1 g	6,4 g	0,7 g	15,9 g

Orecchiette superverdes PÁGINA 190

CALORÍAS	GRASAS	GR. SAT.	PROTEÍNAS	CARBOH.	AZÚCAR	SAL	FIBRA
547 kcal	16 g	5,5 g	28,4 g	76,3 g	5,7 g	1,2 g	11,4 g

Paquetitos de pescado y orzo con tomate PÁGINA 192

CALORÍAS	GRASAS	GR. SAT.	PROTEÍNAS	CARBOH.	AZÚCAR	SAL	FIBRA
430 kcal	4,8 g	1,9 g	37,3 g	61,9 g	8,5 g	0,8 g	4,3 g

Festival de sabores con berenjena PÁGINA 194

CALORÍAS	GRASAS	GR. SAT.	PROTEÍNAS	CARBOH.	AZÚCAR	SAL	FIBRA
495 kcal	16,9 g	3,3 g	21,4 g	68,9 g	23,6 g	1,8 g	22,2 g

Sopa de tomate y fideos al gochujang PÁGINA 196

CALORÍAS	GRASAS	GR. SAT.	PROTEÍNAS	CARBOH.	AZÚCAR	SAL	FIBRA
377 kcal	10,1 g	1,4 g	12,1 g	60,2 g	15,5 g	0,7 g	6,7 g

Verduras asadas con crema de garbanzos PÁGINA 198

CALORÍAS	GRASAS	GR. SAT.	PROTEÍNAS	CARBOH.	AZÚCAR	SAL	FIBRA
484 kcal	21,4 g	4,4 g	19,2 g	55,6 g	36,4 g	0,9 g	17,9 g

Guiso de setas PÁGINA 200

CALORÍAS	GRASAS	GR. SAT.	PROTEÍNAS	CARBOH.	AZÚCAR	SAL	FIBRA
580 kcal	9,8 g	1,4 g	34,1 g	87,5 g	12,7 g	1,5 g	19,5 g

Curri de pollo con chapatis PÁGINA 202

CALORÍAS	GRASAS	GR. SAT.	PROTEÍNAS	CARBOH.	AZÚCAR	SAL	FIBRA
587 kcal	18 g	6 g	51 g	57,8 g	12,8 g	1 g	12,3 g

Verduras mediterráneas asadas PÁGINA 204

CALORÍAS	GRASAS	GR. SAT.	PROTEÍNAS	CARBOH.	AZÚCAR	SAL	FIBRA
329 kcal	13,9 g	2 g	6,3 g	47,9 g	27,1 g	0,6 g	12,4 g

Paquetitos de atún y alubias con harissa PÁGINA 206

CALORÍAS	GRASAS	GR. SAT.	PROTEÍNAS	CARBOH.	AZÚCAR	SAL	FIBRA
526 kcal	7,4 g	1,3 g	31,1 g	83,8 g	21,9 g	1,6 g	16,6 g

Involtini de berenjena PÁGINA 208

CALORÍAS	GRASAS	GR. SAT.	PROTEÍNAS	CARBOH.	AZÚCAR	SAL	FIBRA
396 kcal	14,7 g	5,5 g	23,7 g	46,8 g	23,7 g	1,5 g	19,2 g

Pollo, alubias y arroz al horno PÁGINA 210

CALORÍAS	GRASAS	GR. SAT.	PROTEÍNAS	CARBOH.	AZÚCAR	SAL	FIBRA
585 kcal	22 g	5,6 g	32,5 g	59,4 g	13,3 g	1 g	16,4 g

Fuente de curri vegetariano PÁGINA 212

CALORÍAS	GRASAS	GR. SAT.	PROTEÍNAS	CARBOH.	AZÚCAR	SAL	FIBRA
217 kcal	11,1 g	6 g	7,1 g	23,9 g	15,3 g	1,2 g	9 g

Estofado de pollo y setas PÁGINA 214

CALORÍAS	GRASAS	GR. SAT.	PROTEÍNAS	CARBOH.	AZÚCAR	SAL	FIBRA
600 kcal	16,3 g	5,2 g	30,7 g	83,7 g	21,5 g	1,6 g	12,3 g

Sopa de primavera con tostadas de ricota PÁGINA 218

CALORÍAS	GRASAS	GR. SAT.	PROTEÍNAS	CARBOH.	AZÚCAR	SAL	FIBRA
396 kcal	20,1 g	5,3 g	19,9 g	33,3 g	6,3 g	0,9 g	12,5 g

Sopa de lentejas con cordero especiado PÁGINA 220

CALORÍAS	GRASAS	GR. SAT.	PROTEÍNAS	CARBOH.	AZÚCAR	SAL	FIBRA
550 kcal	15 g	5,2 g	38,2 g	68,2 g	12,3 g	1,8 g	9,7 g

Salmón dorado estilo hasselback PÁGINA 222

CALORÍAS	GRASAS	GR. SAT.	PROTEÍNAS	CARBOH.	AZÚCAR	SAL	FIBRA
529 kcal	25,1 g	4,6 g	44,6 g	30,6 g	7,1 g	1,1 g	7,4 g

Fish & chips saludables PÁGINA 224

CALORÍAS	GRASAS	GR. SAT.	PROTEÍNAS	CARBOH.	AZÚCAR	SAL	FIBRA
586 kcal	9,2 g	2 g	41,6 g	84,9 g	14,8 g	1,8 g	15,6 g

Pastel de pescado con alubias PÁGINA 226

CALORÍAS	GRASAS	GR. SAT.	PROTEÍNAS	CARBOH.	AZÚCAR	SAL	FIBRA
465 kcal	11,9 g	3 g	42,5 g	46,3 g	8,1 g	1,6 g	12,9 g

Sopa de pescado con huevos en tostada PÁGINA 228

CALORÍAS	GRASAS	GR. SAT.	PROTEÍNAS	CARBOH.	AZÚCAR	SAL	FIBRA
435 kcal	13,7 g	4,7 g	29,4 g	50,6 g	12,7 g	1,8 g	5,3 g

Bollitos de verduras al vapor PÁGINA 230

CALORÍAS	GRASAS	GR. SAT.	PROTEÍNAS	CARBOH.	AZÚCAR	SAL	FIBRA
600 kcal	9,9 g	2,2 g	19,6 g	117,6 g	15,6 g	1,8 g	8,9 g

Sopa reconfortante de garbanzos PÁGINA 232

CALORÍAS	GRASAS	GR. SAT.	PROTEÍNAS	CARBOH.	AZÚCAR	SAL	FIBRA
442 kcal	16 g	5,9 g	20,4 g	56,3 g	13,9 g	0,5 g	12,8 g

Sopa de invierno de calabaza y alubias PÁGINA 234

CALORÍAS	GRASAS	GR. SAT.	PROTEÍNAS	CARBOH.	AZÚCAR	SAL	FIBRA
454 kcal	11,1 g	2,4 g	21,9 g	69,1 g	20,1 g	1,8 g	19,8 g

Tarta de filo con verduras aromáticas PÁGINA 236

CALORÍAS	GRASAS	GR. SAT.	PROTEÍNAS	CARBOH.	AZÚCAR	SAL	FIBRA
475 kcal	15,6 g	5,5 g	15,9 g	72,6 g	24,8 g	1,8 g	10,6 g

Sopa de risotto de champiñones PÁGINA 238

CALORÍAS	GRASAS	GR. SAT.	PROTEÍNAS	CARBOH.	AZÚCAR	SAL	FIBRA
554 kcal	22,1 g	5,1 g	14 g	79,6 g	9,8 g	1,4 g	6,9 g

Sublime risotto de calabaza PÁGINA 240

CALORÍAS	GRASAS	GR. SAT.	PROTEÍNAS	CARBOH.	AZÚCAR	SAL	FIBRA
588 kcal	13,3 g	4,3 g	16,6 g	107,5 g	22,5 g	1,6 g	7,6 g

Pastel de pescado feliz PÁGINA 242

CALORÍAS	GRASAS	GR. SAT.	PROTEÍNAS	CARBOH.	AZÚCAR	SAL	FIBRA
481 kcal	13,4 g	5,2 g	42,8 g	50,4 g	10,4 g	0,8 g	6 g

Albóndigas al horno PÁGINA 244

CALORÍAS	GRASAS	GR. SAT.	PROTEÍNAS	CARBOH.	AZÚCAR	SAL	FIBRA
441 kcal	18,1 g	5,3 g	33 g	36,4 g	19,7 g	1,3 g	13,3 g

Sustancioso guiso de verduras PÁGINA 246

CALORÍAS	GRASAS	GR. SAT.	PROTEÍNAS	CARBOH.	AZÚCAR	SAL	FIBRA
318 kcal	7,2 g	2,4 g	11,4 g	56 g	35,2 g	0,9 g	12 g

Sopa de alubias y pollo al chipotle PÁGINA 248

CALORÍAS	GRASAS	GR. SAT.	PROTEÍNAS	CARBOH.	AZÚCAR	SAL	FIBRA
460 kcal	19,6 g	5 g	31,6 g	41 g	19,2 g	1,2 g	13,2 g

Pollo asado y patatas melosas PÁGINA 250

CALORÍAS	GRASAS	GR. SAT.	PROTEÍNAS	CARBOH.	AZÚCAR	SAL	FIBRA
400 kcal	15,6 g	3,5 g	14,2 g	54,7 g	11,2 g	1,4 g	9 g

Ragú de ternera y alubias PÁGINA 252

CALORÍAS	GRASAS	GR. SAT.	PROTEÍNAS	CARBOH.	AZÚCAR	SAL	FIBRA
371 kcal	17,4 g	6 g	25,6 g	29,6 g	15,6 g	0,8 g	11,4 g

Helado suave improvisado PÁGINA 258

CALORÍAS	GRASAS	GR. SAT.	PROTEÍNAS	CARBOH.	AZÚCAR	SAL	FIBRA
143 kcal	5,8 g	2,1 g	3,4 g	20,7 g	19,1 g	0 g	3,9 g

Polos de batido de moras PÁGINA 260

CALORÍAS	GRASAS	GR. SAT.	PROTEÍNAS	CARBOH.	AZÚCAR	SAL	FIBRA
92 kcal	4,3 g	2 g	3,6 g	9,9 g	9,5 g	0 g	1 g

Pastelitos de zanahoria en taza — PÁGINA 262

CALORÍAS	GRASAS	GR. SAT.	PROTEÍNAS	CARBOH.	AZÚCAR	SAL	FIBRA
230 kcal	8,3 g	1,6 g	8,3 g	30,6 g	11,8 g	0,4 g	2,3 g

Vasitos de chocolate con naranja — PÁGINA 264

CALORÍAS	GRASAS	GR. SAT.	PROTEÍNAS	CARBOH.	AZÚCAR	SAL	FIBRA
142 kcal	6,6 g	1,8 g	8,4 g	13,1 g	12,2 g	0 g	0,3 g

Corteza de yogur con pretzels y tahini — PÁGINA 266

CALORÍAS	GRASAS	GR. SAT.	PROTEÍNAS	CARBOH.	AZÚCAR	SAL	FIBRA
93 kcal	4,2 g	2 g	2,4 g	11,3 g	9,2 g	0,1 g	0,7 g

Gelatinas efervescentes con frutos rojos — PÁGINA 268

CALORÍAS	GRASAS	GR. SAT.	PROTEÍNAS	CARBOH.	AZÚCAR	SAL	FIBRA
217 kcal	3 g	1,3 g	9,4 g	39,4 g	27,4 g	0,1 g	6,2 g

Sándwiches de yogur helado al chocolate — PÁGINA 270

CALORÍAS	GRASAS	GR. SAT.	PROTEÍNAS	CARBOH.	AZÚCAR	SAL	FIBRA
100 kcal	4,6 g	2 g	3,1 g	12,3 g	4,8 g	0,3 g	1,2 g

Bolitas de avena: almendra, albaricoque y chocolate — PÁGINA 272

CALORÍAS	GRASAS	GR. SAT.	PROTEÍNAS	CARBOH.	AZÚCAR	SAL	FIBRA
63 kcal	3,7 g	1,2 g	1,7 g	6,4 g	3,1 g	0 g	1,4 g

Bolitas de avena: mango, coco y vainilla — PÁGINA 272

CALORÍAS	GRASAS	GR. SAT.	PROTEÍNAS	CARBOH.	AZÚCAR	SAL	FIBRA
94 kcal	4,2 g	1,4 g	1,8 g	12,9 g	7,7 g	0,9 g	0 g

Tartas de filo con fresas — PÁGINA 274

CALORÍAS	GRASAS	GR. SAT.	PROTEÍNAS	CARBOH.	AZÚCAR	SAL	FIBRA
243 kcal	8,6 g	1,4 g	7,6 g	34,4 g	9,3 g	0,2 g	4 g

Muffins de arándano — PÁGINA 276

CALORÍAS	GRASAS	GR. SAT.	PROTEÍNAS	CARBOH.	AZÚCAR	SAL	FIBRA
200 kcal	9,4 g	1,9 g	4,8 g	25,8 g	9,5 g	0,4 g	1,5 g

Barritas de proteína — PÁGINA 278

CALORÍAS	GRASAS	GR. SAT.	PROTEÍNAS	CARBOH.	AZÚCAR	SAL	FIBRA
173 kcal	8,6 g	2,5 g	5,1 g	19,4 g	6,9 g	0,1 g	3,8 g

Bizcocho de plátano y almendras — PÁGINA 280

CALORÍAS	GRASAS	GR. SAT.	PROTEÍNAS	CARBOH.	AZÚCAR	SAL	FIBRA
216 kcal	13,9 g	1,6 g	6,5 g	19,3 g	13,9 g	0,2 g	3,3 g

Impulso matutino — PÁGINA 286

CALORÍAS	GRASAS	GR. SAT.	PROTEÍNAS	CARBOH.	AZÚCAR	SAL	FIBRA
14 kcal	0,4 g	0,1 g	0,6 g	2 g	0,4 g	0 g	0,8 g

Batido de la diosa verde — PÁGINA 288

CALORÍAS	GRASAS	GR. SAT.	PROTEÍNAS	CARBOH.	AZÚCAR	SAL	FIBRA
171 kcal	10,8 g	1,9 g	3,8 g	16,1 g	13,1 g	0,1 g	2 g

Batido de frutas del bosque — PÁGINA 289

CALORÍAS	GRASAS	GR. SAT.	PROTEÍNAS	CARBOH.	AZÚCAR	SAL	FIBRA
217 kcal	8,8 g	1 g	7,3 g	27,7 g	6,3 g	0 g	10,5 g

Batido de proteínas postentreno — PÁGINA 290

CALORÍAS	GRASAS	GR. SAT.	PROTEÍNAS	CARBOH.	AZÚCAR	SAL	FIBRA
374 kcal	5,6 g	2,5 g	25,1 g	59,4 g	36,5 g	0,8 g	3,5 g

Batido de matcha y kéfir — PÁGINA 291

CALORÍAS	GRASAS	GR. SAT.	PROTEÍNAS	CARBOH.	AZÚCAR	SAL	FIBRA
40 kcal	2,1 g	0,2 g	1,8 g	1,8 g	0,3 g	0,2 g	1,8 g

Espuma de café — PÁGINA 292

CALORÍAS	GRASAS	GR. SAT.	PROTEÍNAS	CARBOH.	AZÚCAR	SAL	FIBRA
107 kcal	3,4 g	2,1 g	7 g	13,2 g	13,2 g	0,2 g	0 g

Café de Gennaro — PÁGINA 293

CALORÍAS	GRASAS	GR. SAT.	PROTEÍNAS	CARBOH.	AZÚCAR	SAL	FIBRA
1 kcal	0 g	0 g	0,1 g	0,1 g	0 g	0 g	0,2 g

Un gracias

En la introducción de este libro he mencionado que tengo más de veinticinco años de experiencia en el mundo editorial, y es algo por lo que sigo estando agradecido. Me encanta escribir libros de cocina, compartir inspiración y dotar a los lectores de conocimientos culinarios, y me considero afortunado de que esto sea una parte tan importante de mi trabajo diario. A lo largo de los años, mucha gente me ha apoyado en la creación de mis libros, y a muchas de ellas las nombro año tras año en estas páginas de agradecimiento. Tengo la gran suerte de contar con un equipo base increíble que me ha acompañado durante la mayor parte de este viaje, pero también con caras nuevas que se van incorporando y aportan nuevas influencias e ideas. Siempre he creído que las personas con las que te rodeas son la clave de tu éxito. Así pues, a todas las personas que menciono aquí, y a los que me han ayudado a lo largo del camino, les doy las gracias de todo corazón.

La verdadera columna vertebral de mi equipo, quienes me ayudan a poner el alma en lo que hago, desde informarme sobre nuevas tendencias e ingredientes hasta ayudarme a desarrollar, probar y afinar recetas, es mi equipo culinario. La pieza central de este equipo es Ginny Rolfe, mi hermana gastronómica y la mejor en este oficio. Está rodeada de un maravilloso equipo con muchísimo talento, como Joss Herd, Anna Helm Baxter, Rachel Young, Ben Slater, mi escudero Hugo Harrison y Sharon Sharpe; adoro trabajar con ellos a diario. Les organizan la vida Laura McLeish y Rebecca Wheeldon (¡y yo que os lo agradezco!). Todo mi cariño, como siempre, al único e inimitable Pete Begg y al siempre joven Bobby Sebire, dos veteranos que forman parte integrante de lo que hago. También trabajamos con profesionales autónomos muy especiales, que en este libro han sido Isla Murray, Maddie Rix, Fran Paling, Eliot Bourke y Johnny Guselli.

Siempre con iniciativa y liderando el equipo de nutrición está Rozzie Batchelar, que hace su trabajo con paciencia y elegancia. En cuanto a seguridad alimentaria, normas alimentarias, ganadería y ética, Lucinda Cobb lo tiene todo bajo control.

En cuanto a los textos, mi apoyo es Rebecca Verity, mi editora jefe, que se asegura de que todo esté claro no, cristalino. Cuenta con la ayuda de la brillante Jade "pie barm pey wet" Melling, Ruth Tebby, la reina de las pruebas, y el resto del estupendo equipo editorial.

Del diseño creativo, y de ayudarme a plasmar la salud en cada una de estas páginas, se encarga mi estiloso director creativo, James Verity, que cuenta con la ayuda de la encantadora Davina Mistry y los demás integrantes del increíble equipo de diseño.

Mi querido amigo el fotógrafo Lord David Loftus y su estoico escudero Richard Bowyer han hecho que las recetas cobren vida con su optimismo y lucidez. En cuanto a los retratos, Paul Stuart ha hecho buen uso de su formación de nuevo, con el apoyo de su hombre de confianza, Henry Hewitt.

enorme

En mi editorial, la ilustre Penguin Random House, hay un ejército de personas a las que dar las gracias, cada una con su talento y su especialidad. No tengo espacio aquí para entrar en detalles, pero seguro que la información se puede encontrar. Gracias al señor Tom Weldon, el gran hombre, querido amigo y amable compañero. A los siempre agradables Louise Moore, Elizabeth Smith, Clare Parker, Tom Troughton, Rebecca Ogden, Juliette Butler, Katherine Tibbals, Lee Motley, Sarah Fraser y Nick Lowndes. A Christina Ellicott, Bronwen Davies, Kelly Mason, Emma Carter, Hannah Padgham, Chris Wyatt y Tracy Orchard. A Chantal Noel, Anjali Nathani, Kate Reiners, Tyra Burr, Joanna Whitehead, Agnes Watters, Lee-Anne Williams, Jessica Meredeen, Danielle Appleton, Grace Dellar, Sally Hargrave, Stuart Anderson, Anna Curvis, Akua Akowuah, Caroline Newbury, Richard Rowlands y Carrie Anderson. Y a la leyenda que es Annie Lee, así como a Alex Newby, Jill Cole y Ruth Ellis.

En Jamie Oliver oficial, hay un gran equipo de gente que hace que entrar en las oficinas sea un gustazo. Trabajan en muy diversos proyectos y siempre lo hacen con entusiasmo y energía. Por nombrar a los que han trabajado directamente en el libro, mil gracias al equipo de marketing, en particular a Rosalind Godber y Clare Duffy. A las reinas de la comunicación, Tamsyn Zeitsman y Lydia Waller. A Rich Herd y al equipo de producción de vídeo (VPU), a Letitia Becher y su equipo social, a Pamela Lovelock, Therese MacDermott y mi roca, John Dewar, y a Timiko Cranwell y el equipo legal. Mención especial a mis tres mujeres fuertes y brillantes: mi subdirectora, Louise Holland, mi directora de comunicación, Zoe Collins, y mi asistente ejecutiva, Ali Solway.

Mi amor, respeto y reconocimiento a mi leal equipo de catadores de la oficina, que cocinan estas recetas en su casa y me envían comentarios útiles que hacen estas recetas aún mejores para el lector.

Los programas de televisión que acompañarán a este libro sé que te encantarán. Gracias al espléndido equipo que ha trabajado en ellos, en particular a mis héroes Sean Moxhay, Sam Beddoes y Katie Millard. Todo mi cariño para Katy Hall y Niall Downing, y para Emma Kozlowski, Renzo Luzardo, Emma Parkin y Prarthana Peterarulthas. A Tobie Tripp, compositor musical de talento y amigo, gracias mil. Como siempre, mi reconocimiento al equipo de Channel 4 y al de Fremantle. Gracias por todo lo que hacéis.

A Julia Bell y Lima O'Donnell, no os puedo estar más agradecido, como siempre.

Y a los que de verdad me hacen feliz, lo que significa que sois excelentes para mi salud. Todo mi amor para mi increíble mujer, Jools, y para mis cinco preciosos hijos, Poppy, Daisy, Petal, Buddy y River, de quienes tan orgulloso estoy. A mis padres, mi inspiración y mi base, al resto de la familia y, por supuesto, al único, al incomparable, al jefe, el señor Gennaro Contaldo.

Índice

Las recetas marcadas con una V son aptas para vegetarianos. En algunos casos habrá que sustituir el queso, como por ejemplo el parmesano, por una alternativa vegetariana.

A

B

D

E

F

G

H

I

J

K

L

M

Q

U

V

W

Y

Z

Para obtener una lista de todas las recetas vegetarianas, veganas, sin lácteos o sin gluten de este libro, consulta:
jamieoliver.com/EatYourselfHealthy/special-diets

Libros de Jamie Oliver

1 La cocina de Jamie Oliver *2002*
2 La cocina italiana de Jamie *2005*
3 En casa con Jamie *2007*
4 La escuela de cocina *2009*
5 Las escapadas de Jamie *2010*
6 Las comidas en 30 minutos de Jamie *2010*
7 Las comidas de Jamie en 15 minutos *2012*
8 Ahorra con Jamie *2013*
9 Comfort Food *2014*
10 Recetas sanas para cada día *2015*
11 Cocina sana en familia *2016*
12 5 ingredientes *2017*
13 Jamie cocina en Italia *2018*
14 Veg *2019*
15 7 ideas *2020*
16 Comer juntos *2021*
17 Uno *2022*
18 5 ingredientes mediterráneos *2023*
19 Simplemente Jamie *2024*
20 Air Fryer Fácil *2025*

¿Quieres más?

Para encontrar consejos prácticos sobre nutrición, así como vídeos, artículos, sugerencias, trucos e ideas sobre diversos temas, montones de recetas fantásticas y mucho más, consulta:

JAMIEOLIVER.COM #EATYOURSELFHEALTHY

Papel certificado por el Forest Stewardship Council®

Título original: *Eat Yourself Healthy*

Publicado por primera vez en el Reino Unido en 2025 por Michael Joseph.
Michael Joseph forma parte del grupo de empresas Penguin Random House.

Primera edición: septiembre de 2025

Diseño: Jamie Oliver Limited
Reproducción del color: Altaimage Ltd

Impreso en Italia por Graphicom S. r. l.

ISBN: 978-84-253-7018-2
Depósito legal: B-9.951-2025

Compuesto en M. I. Maquetación, S. L.

GR 7 0 1 8 2
www.jamieoliver.com

Gracias

¡Gracias por comprar mi libro de cocina! Cada compra contribuye a mi Ministry of Food Foundation, cuyo objetivo es enseñar a cocinar a un millón de personas de aquí a 2030. En centros de enseñanza secundaria, ofrecemos el programa 10 Skills Food Education; en comunidades locales, apoyamos a nuestros socios con clases de cocina, y en puestos de trabajo, impartimos el curso Learn to Cook in 12 Hours, todo ello con el objetivo de ayudar a las personas a llevar una vida más sana y feliz.

Más información en:
JAMIEOLIVER.COM/MOF